新时代教育丛书
名师系列

XINSHIDAI JIAOYU CONGSHU MINGSHI XILIE

乡村初中体育核心素养提升的实践与探索

刘宪成　冯晓朋　李桂梅◎著

北京出版集团
北京教育出版社

图书在版编目(CIP)数据

乡村初中体育核心素养提升的实践与探索 / 刘宪成，冯晓朋，李桂梅著. -- 北京：北京教育出版社，2022.9
（新时代教育丛书. 名师系列）
ISBN 978-7-5704-4802-9

Ⅰ. ①乡… Ⅱ. ①刘… ②冯… ③李… Ⅲ. ①农村学校—体育教育—研究—初中 Ⅳ. ①G633.96

中国版本图书馆CIP数据核字(2022)第179859号

新时代教育丛书·名师系列
乡村初中体育核心素养提升的实践与探索
刘宪成　冯晓朋　李桂梅　著
＊
北京出版集团
北京教育出版社　出版
（北京北三环中路6号）
邮政编码：100120
网址：www.bph.com.cn
京版北教文化传媒股份有限公司总发行
全国各地书店经销
河北宝昌佳彩印刷有限公司印刷
＊
720 mm×1 000 mm　16开本　14.5印张　275千字
2022年9月第1版　2022年9月第1次印刷
ISBN 978-7-5704-4802-9
定价：68.00元
版权所有　翻印必究
质量监督电话：(010)58572525　58572393
购书电话：13381217910　(010)58572911
北京教育出版社天猫旗舰店：https://bjjycbs.tmall.com

总 序

办好新时代教育

随着社会现代发展进程的推进，尤其是改革开放以来，中国教育事业加速发展，中国已建成世界最大规模的教育体系，教育总体发展水平进入世界中上行列，中国教育发展进入新时代，中国基础教育改革进入实质性的根本转型时期，处在一个走自主创新道路的关键转折点。

新时代呼唤新的教育。习近平总书记在全国教育大会上强调："立足基本国情，遵循教育规律，坚持改革创新。"面向未来的教育才有未来，新时代的教育，重在破解传统、旧有范式。基于此，面对新时代教育，与教育工作相关的所有主体都需要从思想和行动上做出努力和改变，并围绕主体价值、文化情境、智慧情怀、系统生态等关键词全面开展教育活动。

首先，新时代教育强调主体价值。

"教育同国家命运紧密相连"，点明了教育在国家建设和民族复兴中的地位和作用，强调了教育改革发展的价值取向，为我们今天准确把握办学的总体方向和人才培养的根本目标提供了思想遵循。

教育现代化的终极价值判断标准是人的发展，是人的解放和主体性的跃升。自古以来，中国的教育传统既强调教育的人文性，也强调教育的社会性，相应地，在人才培养目标上既强调完善自我，也强调服务社会和国家，更强调在服务社会和国家中达到自我的充分实现。新时代更要坚守教育本质，重视教育的价值观建设，坚持以社会主义核心价值观为引领，回答好"培养什么人、怎样培养人、为谁培养人"这些根本问题，从而培养有历史责任感、志存高远的时代新人。

其次，新时代教育强调文化情境。

学校不仅是传播知识、文化、智慧的地方，更是生产知识、文化、智慧的场所。学校无文化，则办学无活力。学校是文化传承的主阵地，学生文化、教师文化、课程文化、网络文化和制度文化等现代学校文化建设，引领了学校的发展，呈现了学校办学气质。

更重要的是，文化创设情境。"为学生一生发展奠基"，统整科学与人文，优化学生生存环境，借由"境中思""境中做""境中学"，实现学生主动学习与发展、个性化成长及德育渗透。

增进文化认同，是学校管理者的重要使命。政策制定者、执行者和教育管理者，一定要从为国家和民族培养优秀人才的角度关爱引导师生，让每位教育工作者深刻认识到"教育"二字蕴含的国家使命，真正将为国家和民族培养人才、培养爱国奉献的人才这一价值追求切实贯穿于办学育人全过程，一代一代坚持下去。

再次，新时代教育强调智慧情怀。

国之兴衰，系于教育。教育兴衰，系于教师。教育同国家的前途命运紧密相连。这当中，智慧型教师和教育家尤其为新时代教育所期待。他们目光远，不局限于学校和学生眼前的发展，而是着眼于未来；他们站位高，回归教育的本体，努力把握并尊重敬畏教育的共识、规律；他们姿态低，默默耕耘，淡泊明志，宁静致远；他们步伐实，总能紧紧围绕学生、教学、课程、教师发展等思考自己的职责和使命。

总而言之，教育家顺应时代潮流，立足现实，展望未来。在把握办学方向、把握时代脉搏的基础上，他们勇立潮头，担当时代先锋，他们对历史和未来负责，超越现实、超越时空、超越功利，用教育的力量塑造未来，解放学生的个性、想象力和创造力，共同推动和引领中国基础教育改革和创新，愿意为共同探索中国未来教育之道而做出巨大的努力。

最后，新时代教育强调系统生态。

观古今，知兴替，明得失。关于未来的认识是选择性的，未来"未"

来,新时代的教育人需要根据某种线索去把握超出现在的想象并做出价值选择。这种价值选择的关键还在于,教育人真切明晰,未来学校是面向未来的学校,是为未来做准备的。教育中的新与旧、过去与未来,不是对立的,而是连续的,从而能够让教育者基于教育的本质和规律守正创新,坚守立德树人的初心。

各级各类学校之间是相互依赖的,单一的学校不能构建成一个完整教育系统,唯有每个学校都致力于体现自身的教育特性,努力实现自己所承担的教育任务,发挥出自己的教育作用,才能共同构成一个完整的教育系统。加强基础教育改革设计的整体性、系统性和长期性,把"办好每一所学校"作为基础教育改革发展的主要目标,是共同构建良性的教育生态,发挥整个教育系统功能的最优选择。

在这种情境下,"新时代教育丛书"的策划出版具备极强的现实意义。丛书通过考察和认识各地名校教育实践,寻找新时代教育的实践样本,清晰梳理了新时代教育中名校、名校长、名师、名班主任等的发展脉络,记录了新时代教育正在逐渐从被动依附性转向自主引导性,并在与现代技术的融合中彰显出其对于经济和社会生活的主导价值。

丛书提供了不同类型、不同地区的中小学名校、名校长及名师、名班主任在探索、构建新时代教育过程中鲜活的实践案例及创新理念。从中,可以看到有深厚历史积淀的传统名校,也可看到新时代教育发展浪潮中的新兴学校,其中有对外开放探索中国本土化教育的小学,也有站在教育改革潮头的中学;还可以看到开拓创新引领时代风气之先的名校校长、专注各自领域的优秀教师,以及新时代教育变革下的全国各地不同的班主任的德育之思。

更难能可贵的是,丛书不仅包括一般情境下的"案例",也包括了特殊情境下的思考,不同系列注重了从"现象"到"本质"的过程,进而升华到方法论。丛书的每一本著作既是独立完整、自成体系的,也是相互呼应的,剖析问题深入透彻,对策和建议切实可行,弥补了教育理论和学校实践之间的差距,搭起了一座供全国教育研究者、学校管理者了解新时代教育及未来学校落地实践的桥梁。

未来学校不是对今天学校的推倒重来,而是对今天学校的逐步变革。

这不仅仅是对学生提出的挑战，更是对学校发展建设提出的挑战。我们始终强调，理论不能彼此代替、相互移植，中国基础教育的改革与发展，必须靠中国的教育学家和广大教育工作者来研究和解释，从而构建立于世界之林的新时代中国基础教育的改革和发展的当代形态，实现理论创新和方法创新。

期待丛书能给更多的中小学校以启发，给教育工作者以有益的思考，供他们参考借鉴，帮助他们寻找到新时代教育的钥匙，进而在新时代教育的理论指导和教育改革实践带动下，因地制宜、因校制宜地落实到新时代教育工作中，引领学校新样态发展，助力更多学校在新时代背景、新教育形势下落地生花，实现特色、优质与转型发展，快速提升基础教育水平，推动教育改革发展，实现立德树人的根本任务，办好人民满意的教育。

新时代教育丛书编委会
2021 年 1 月

序

为乡村学生体质赋能

于春祥

乡村要振兴,教育要先行。德智体美劳,五育须兼容。纵观乡村教育的现状,"智育为王"的思想依然占据主流地位,尤其是体育学科,依然难以享受作为一门学科的尊严,被称为"小学科""副科",并且时常被基础学科侵占时间。一个学科的弱势,带来的问题是乡村学生体质滑坡。面对这个普遍存在的问题,本书的作者为体育老师们提供了难能可贵的解决方案。

《乡村初中体育核心素养提升的实践与探索》一书集中从体育学科核心素养三个方面(运动能力、健康行为、体育品德)、十个维度(体能状况、运动认知与技战术运用、体育展示或比赛、体育锻炼意识与习惯、健康知识与技能的掌握和运用、情绪调控、环境适应、体育精神、体育道德、体育品格)进行了理论梳理和实践探索,又提供了精彩的教学实践案例等,让核心素养为乡村学生体质赋能,这在全国的乡村体育教学中不失为一种大胆的创新。

本书有以下三个特点。

一是聚焦乡村初中。乡村初中有着独特的成长生态和运动场景。聚焦乡村学校,既是环境的规定性,也有着教师的责任感。本书作为乡村学校体育老师的心血之作,字里行间蕴含着体育老师的敬业和奉献精神。

二是体育学科的理性化。随意性往往是体育学科的一个"老大难"问题。体育学科核心素养的提出,无疑为体育学科指明了方向。三个方面、十个维度,为体育学科教什么、怎么教,提供了模型参考。在日常教学中有了理性的框架,就可以相互兼顾,上下贯通,点线成面,自成系统。

三是体现"三探"。关于如何破解初中体育核心素养落地难的问题,作者主张在探索中提升认识,在探索中创新发展,在探索中反思总结。"三探"带"三课"也是本书的一大亮点,"三课"即课题研究作引领,课程创新作路径,课堂落地见真功。

最后,不得不说,本书作者作为一线体育教师,几十年来,一直坚持"我笔写我行",笔耕不辍,洋洋几十万字,让人感觉到的不仅仅是心血和汗水,还是爱心和智慧。

自古成长一条路,研究才是必由路。研究道路靠谁铺,且用文字写幸福。

(作者系全国知名特级教师、淄博市临淄区齐陵街道中心学校原校长)

目录 / CONTENTS

·第一辑 运动能力的提升·

第一章 体能发展：选项增实效 / 003
选项教学，个性燃爆 / 003
"售后服务"促健康 / 006
课堂的高效，就是体质的达标 / 008
"一生一案"助成长 / 010
课堂一转"效"自来 / 012
学得主动，教得成功 / 014

第二章 技能运用：创新助成功 / 017
我参与 我成功 我快乐
　　——体育课堂要让每个学生得到成功的体验 / 017
身体是最好的学具 / 019
研到深处新自来 / 021
"跑跳步"技术含量知多少 / 023
篮球场上运动美 / 024
为训练赋能 / 026
有趣课堂增活力 / 027

第三章 展示比赛：挑战出精彩 / 030
校园 NO.1，人人乐挑战 / 030
"骑"出生命的精彩 / 033
庄户孩子迎"篮"而上 / 036

小足球，大校园 / 038
体育品牌创建方法论 / 041
走进冬奥会主题学习 / 043
研究日常，提高实效 / 046

·第二辑　健康行为的促进·

第四章　锻炼习惯：互动多创想 / 051

毅力小课程，能力大提升 / 051
游戏互动欢乐多 / 055
听出来的创想 / 056
准备活动出精彩 / 058
今天我是 CEO / 060
擦亮一双研究的慧眼 / 063
成功体验，巩固习惯 / 065

第五章　健康知识：妙招巧落实 / 067

健康知识巧落实 / 067
同学，你吃好早餐了吗？ / 070
手指受伤后的行动 / 071
有效健身三要素 / 074
柔韧拉伸有妙招 / 076
谜语妙用富内涵 / 078

第六章　情绪调控：幸福与梦想 / 081

情绪宣泄有方法 / 081
当下与梦想的力量
　　——周一升旗时国旗下的讲话 / 083
女篮社团，是否需要说再见 / 084
读懂幸福 / 086
读懂错误，做好育人 / 087
教育幸福 ing! / 089

第七章　环境适应：发现与合作　　　　　　　　　　/ 093
　　让"动车"穿行体育课堂　　　　　　　　　　　　/ 093
　　珍惜自己的人力资源　　　　　　　　　　　　　　/ 095
　　老师，今天谁整队？　　　　　　　　　　　　　　/ 098
　　让课堂充满活力
　　　　——探索"新基础教育"理念下的体育课堂教学　/ 100
　　教育就是发现生长力量　　　　　　　　　　　　　/ 101
　　爱上写作，收获成长　　　　　　　　　　　　　　/ 103

·第三辑　体育品德的培育·

第八章　体育精神：参与到极致　　　　　　　　　　/ 109
　　热点赛事悟精神　　　　　　　　　　　　　　　　/ 109
　　落榜的也是特长生！　　　　　　　　　　　　　　/ 111
　　挑战极限，突破自我　　　　　　　　　　　　　　/ 113
　　从平凡到极致　　　　　　　　　　　　　　　　　/ 114
　　积极参与助成长　　　　　　　　　　　　　　　　/ 116
　　在学习中顿悟　　　　　　　　　　　　　　　　　/ 118

第九章　体育道德：规则领风尚　　　　　　　　　　/ 121
　　文明引领体育风尚　　　　　　　　　　　　　　　/ 121
　　四措并举学规则　　　　　　　　　　　　　　　　/ 124
　　"课堂约定"建奇功　　　　　　　　　　　　　　　/ 126
　　游戏拓展提升育人价值　　　　　　　　　　　　　/ 128
　　教育真谛：做个"优点淘宝人"　　　　　　　　　/ 130
　　当好人生赛场"教练员"　　　　　　　　　　　　/ 132

第十章　体育品格：自信与责任　　　　　　　　　　/ 134
　　品格塑造抓时机　　　　　　　　　　　　　　　　/ 134
　　老师，你能小点儿声喊吗？　　　　　　　　　　　/ 137
　　输出来的精彩　　　　　　　　　　　　　　　　　/ 139
　　这节课上"砸"了　　　　　　　　　　　　　　　/ 140

有温度的体育课堂 　　　　　　　　　　　　　　　　/ 142
　　阳光与健康共舞 　　　　　　　　　　　　　　　　　/ 144

· 第四辑　实践成果的积累·

第十一章　教学实践的案例　　　　　　　　　　　　/ 149
　　"跨越式跳高"说课稿　　　　　　　　　　　　　　/ 149
　　"篮球行进间投篮"说课稿　　　　　　　　　　　　/ 151
　　"蹲踞式跳远"说课稿　　　　　　　　　　　　　　/ 154
　　"教你学会青年拳（起势和1~2动）"说课稿　　　　/ 157
　　"脚背内侧踢定位球"说课稿　　　　　　　　　　　/ 160
　　"脚背内侧传球"说课稿　　　　　　　　　　　　　/ 163
　　"数字莲花耐久跑"说课稿　　　　　　　　　　　　/ 166
　　"规范读写，明亮眼睛"健康教育教案
　　　　——掌握正确的握笔姿势 　　　　　　　　　　/ 169
　　"鲤鱼跃龙门"教学设计　　　　　　　　　　　　　/ 171
　　"篮球行进间投篮"教学设计　　　　　　　　　　　/ 173
　　"脚背正面踢球"授课教案　　　　　　　　　　　　/ 175
　　"教你学会青年拳（起势和1~2动）"教学设计　　　/ 177
　　"快速跑"模拟课堂　　　　　　　　　　　　　　　/ 179

第十二章　研究成果的积累　　　　　　　　　　　　/ 182
　　"中学生体育活动组织能力培养的研究"结题报告　　/ 182
　　听出来的顿悟　　　　　　　　　　　　　　　　　/ 207
　　读懂需求，写好教育故事　　　　　　　　　　　　/210
　　课程开发助成长　　　　　　　　　　　　　　　　/ 214

后　记　且行且思　　　　　　　　　　　　　　　　/ 219

第一辑
运动能力的提升

运动能力是指学生在参与体育运动过程中所表现出来的综合能力。运动能力包括体能状况、运动认知与技战术运用、体育展示或比赛三个维度，主要体现在基本运动技能、体能、专项运动技能的掌握与运用上。

运动能力的提升，是学生体质增强、身体健康的保障。学生运动能力的提升，是体育学科核心素养提升的抓手，也是学生的渴望、老师的期盼、家长的期待。作为一名乡村体育教师，我以"如何促进学生运动能力的提升"为研究点，结合学校实际加强学校体育工作日常研究，做好课堂教学研究，开展学生体育活动组织能力培养的研究，开设多种体育社团，提高学生体能素质，增强学生运动认知与技战术运用能力，让每个学生都有参与比赛的机会。我积极参与各类学习，提升自己的教育教学能力、研究能力、创新能力，提高课堂教学实效。

　　经常的体育锻炼,不仅能发展身体的美和动作的和谐,而且能形成人的性格,锻炼意志力。

——苏霍姆林斯基

生命在于运动。

——伏尔泰

第一章　体能发展：选项增实效

体能是学生进行各项体育运动的基础，包括身体成分、心肺耐力、肌肉力量、肌肉耐力、柔韧性、反应能力、位移速度、协调性、灵敏性、爆发力、平衡能力。发展学生的体能是体育教学的首要任务。作为一名乡村体育教师，我根据学校体育工作实际，加强学生体育锻炼时间和内容研究，通过实施选项教学、"售后服务"课外锻炼指导、一生一案、体质健康达标等措施，推动学生体能素质发展；积极参与各级培训学习；加强课堂教学效果和模式研究，采取多种方式调动学生积极性，努力提高课堂教学效果，促进学生体能素质发展。

选项教学，个性燃爆

2021年11月16日上午，我参加了临淄区体育选项教学推进活动，首先观看了高庆海老师的"篮球选项教学"课，接下来聆听了淄博市体育教研员朱秀水老师"体育选项教学"的报告，对体育选项教学有了更系统、更全面、更深入的认识。

我个人认为，初中和小学的体育选项教学可以称为"体育课堂的革命"。通过课堂教学组织形式的改变，选项教学能达到"学生练自己喜欢的项目、老师教自己喜欢的项目"的效果，实现体育课堂教学效果的最优化。

一、选项教学，满足学生需求，激发学生锻炼热情

每个生命的活力需要在满足其需求的基础上才能得以更好激发。同样，体育锻炼的热情需要在自己喜欢的项目中才能得以延续。了解学生的

运动兴趣，满足学生的运动需求，是每一位体育老师义不容辞的责任。然而，原来的体育中考项目都是素质练习项目。面对体育中考的压力，为了让每个学生在中考时取得好成绩，老师们不得已让每节课都变成了针对中考项目的素质练习课。这使本来喜欢体育的孩子们对体育课产生了厌倦，甚至是恐惧。

体育选项教学的实施，让学生可以选择自己喜欢的项目，在课堂上与有共同爱好的同学一起练自己喜欢的项目。教师用难度递升的练习方式，激发学生的学习激情，释放每个学生生命的活力，让学生因为喜欢而更加热爱体育！

二、选项教学，满足教师需求，激发教师工作热情

工作的激情，始于热爱，行于责任，终于担当。每一位体育老师都渴望在自己的工作岗位上实现自己的人生价值。雪宫中学的高庆海老师就是我们身边的榜样。他带领学校女篮走上全国比赛的舞台，并取得优异的成绩。在"大一统"式的体育教学中，很多老师执教的是自己不擅长、不喜欢的体育项目。对于每一位体育老师来说，教自己喜欢的项目，更能够激发自己的工作热情。

选项教学的组织形式为每一位体育老师发挥自己的优势提供了平台，让每一位老师去教自己擅长和喜欢的项目，实现体育课堂教学效益的最大化。深入研究教材，研究学情，设计符合学生实际的分层教学，方能形成教师的教育智慧。结合选项教学，还可以开发校本课程，也可以做好相关的课题研究。根据我校实际，我们在9年级利用原有行政班，进行跳绳、田径、篮球选项教学；在3~8年级进行打破年级界限的篮球、排球、足球、轮滑、田径项目选项教学。

三、选项教学，符合国家需求，激发教师研究热情

专业化发展是国家对人才培养的需求。选项教学，就是在尊重学生爱好的基础上，让学生从小学、初中到高中、大学按照自己选择的项目接受专业化培养的教学方式，符合当前国家培养人才模式要求。选项教学的实施需要结合实际，一是根据老师们的能力，二是根据学生需求进行项目设

置，激发老师研究学校体育的热情。

自2021年9月份淄博市公布2018级学生中考选项内容和标准以来，我们就在思考学校的选项教学该怎样实施。11月4日，我参加了淄博市体育选项推进观摩活动，聆听了淄博市教研员朱秀水老师"推进选项走班教学，促进小学、初中、高中体育与健康一体化教学"的专题报告，对于体育选项教学有了全新的理解；11月16日，聆听"体育选项教学"的专题报告，对体育选项教学有了更明晰的思路。

我们作为九年一贯制学校，如何实施选项教学？我认为，要从我们的实际出发，思考选项教学的实施。目前我校除了9年级是四个班，3~8年级都是两个班，班级数量少，适合打破年级分学段水平实施选项教学。首先老师提供选项范围——篮球、排球、足球、轮滑、田径，让学生自主报名。然后3、4年级为一组，5、6年级为一组，7、8年级为一组，9年级为一组，进行选项教学的实施。另外，学校体育组统筹规划，根据每个年级组别的项目，进行各个项目校本课程的开发，着手开展校本课题的立项研究。按照每个年级每个项目设置三种难度的设计，深入研究每个项目的难度层次的递进，引导学生在"升级"的过程中，真正掌握自己喜欢的技能。

四、选项教学，符合发展需求，激发师生生命热情

立足实际，以选项教学实施研究为切入点，认真研究学生需求，研究开设的项目，研究组织形式，真正让体育课堂成为促进师生成长的有效平台。选项教学，是学校体育教学组织形式"由面向集体到面向个体"的改变，能够充分调动老师工作的积极性。选项教学，在深入研究教材的基础上，让"教会"成为教师增长教学智慧的源泉；在尊重学生运动需求的基础上，充分调动学生锻炼的主动性，让"学会"成为激发生命活力的资源。

体育选项教学，是促进学生体育核心素养提升的高效模式，能够深度激发学生的体育兴趣。选项教学的实施，不仅能够发挥其"育生"价值，还能发挥其"育师"价值。希望在不久的将来，让"学会"成为学生自己的追求，让"勤练"成为学生日常生活的内容，让"常赛"成为体育课堂教学的常态！

"售后服务"促健康

在我们的日常生活中,很多产品的销售都有相对应的售后服务,因此,售后服务成为很多行业的必备环节。如果把体育课堂教学比作"在售服务",那么对于学生的课外体育指导就是"售后服务"。

2020年突发新冠疫情,居家防疫时,通过网络指导学生在家进行体育锻炼,我意识到对学生进行课外体育锻炼指导也是非常重要的。在后疫情时代,我认为,作为一名初中体育老师,针对每一名学生做好体育教学的"售后服务"更加重要。对学生进行售后服务指导,不仅能够提高课堂教学效果,还能够把课堂教学延伸到家庭,是培养学生运动习惯、提升学生体育核心素养的重要手段。

一、"售后服务"原则

(一)了解需求,引导自主选择

体育老师要做好售后服务,首先要了解学生的运动需求,再根据学生的爱好,引导学生选择自己练习的内容。

(二)针对现状,确定分级目标

每个学生的运动基础和体能状况不同,要做好"售后服务"指导,需要根据学生的力量、柔韧性、耐力、协调性等素质状况,指导学生确定不同等级的锻炼目标,先从难度相对较低的内容练起。

(三)趣味激发,每日量化坚持

有趣,是学生每天坚持练习的基础;有量,是锻炼有效果的保障。体育老师要指导学生选择适合自己的练习数量,避免学生运动过度或出现运动损伤。

(四)亲子互动,家庭融洽和谐

体育是生活的一部分,在指导学生锻炼时,能够让家长协助或一起练习的内容,尽量让学生和家长一起锻炼。在锻炼的同时,家庭成员之间的关系更加融洽,家庭氛围更加和谐。

二、"售后服务"内容

（一）技能项目指导

根据淄博市2022年体育中考方案，学生需要选择一项运动技能进行测试，学生运动技能指导要作为课外指导内容之一。在选项教学实施的过程中，根据学生的技能选项，结合帮助学生制订的"一生一案"，做好有针对性的指导。根据学生的体质状况，判断学生是需要加强速度练习，还是加强力量练习，或是加强技术动作熟练程度的练习，为每个学生制订相应的训练方案，帮助学生提高自己的运动技能，进一步激发学生的体育兴趣。

（二）体能锻炼指导

每个学年学生都要参与一次体质健康达标测试，也都希望在达标测试中取得优异成绩。尤其是测试前的一段时间内，老师可以针对学生体质达标内容中的弱项，进行强化体能训练指导，帮助学生在每天的坚持中提高弱项的成绩，让学生看到自己的进步，树立起参与锻炼的信心。当然，在这个坚持的过程中其他项目成绩也会提高。

（三）趣味项目指导

学生与学生、学生与老师、学生与家长的互动，可以以体育活动为媒介。老师要指导学生做好与家人的游戏互动，融洽亲子关系；做好与同学之间的游戏互动，融洽同学关系，同时也提高自己的体育活动组织能力。

（四）毅力提升指导

毅力的提升就是把简单的事情重复做、坚持做。根据学生的锻炼需求，让学生自己确定锻炼的内容和数量。确定好后，家长做好监督，老师做好指导，一起帮学生在每天的坚持中逐渐树立信心，增强毅力。

三、做好学生"售后服务"的几点建议

（一）取得学生的认同

任何一项体育锻炼，主体是学生，老师是辅助，是通过指导、评价和鼓励帮助孩子成长。没有学生的认同，体育老师的"售后服务"就没有"市场"。因此，老师在课堂教学时，就要向学生说明"售后服务"如何操作、其价值和意义是什么，让学生明白其重要性，并能主动参与。

(二) 争取家长的认同

在学生同意的前提下，借助家长培训或通过班级群，征求家长的意见，并与家长达成共识，明确职责分工。家长负责监督、鼓励，上传完成情况；老师负责指导、评价和鼓励。老师、家长形成家校体育锻炼合力，促进学生锻炼效果的提高。

(三) 形成组团坚持机制

老师和家长都希望学生能够长久坚持课外体育锻炼。"独行快，众行远"，一种行动，要想坚持下去，就需要借助团队的力量。老师可以引导项目相同的同学组成团队，每天把锻炼情况上传，互相监督、共同进步。

体育锻炼"售后服务"指导，从空间和时间维度来说，包括校园课外体育锻炼（学校课外活动、校内体育比赛、阳光体育大课间等）、校外体育活动（借助公共体育资源进行体育锻炼、家庭体育锻炼）。总之，开展体育锻炼的"售后服务"，目的就是通过服务指导，引导学生积极参与体育锻炼，养成坚持锻炼的习惯，促进学生健康成长。

课堂的高效，就是体质的达标

课堂教学的高效，是每个体育教师在课堂教学中追求的目标。促进学生体育核心素养的提升，是每个体育老师内心最真实的渴望。课堂教学是否高效，需要通过学生的体质达标情况来检验。在临淄区体育课堂"有趣、有量、有效"理念的指导下，应认真设计好每一节课，上好每一节课，努力让课堂教学更加高效。

一、有趣引领，促进课堂的高效

兴趣是最好的老师。对于心智发育尚不成熟的初中生，想让他们做好一件事，最好的办法就是让他们感到有趣、好玩，体育课也是如此。有趣的设计，是教师教学智慧的呈现，也是提高课堂教学实效的关键。无论是学生喜欢的球类，还是学生不太喜欢的耐久跑，教师都可以通过"有趣"的设计来提高课堂教学的效果。即使是体质健康达标测试的项目，也可以通过穿插游戏、比赛，激发学生参与学习和锻炼的热情。如，准备部分运用游戏激发学生的兴趣；基本部分采用两人一组或四人一组的比赛形式，激发学生练习的积极性。

二、积极态度，促进课堂的高效

学生对于体育的态度与最后达标测试结果是成正比的。自体育纳入毕业年级学生的中考成绩开始，学生对体育的重视程度有大幅度的提升。自2018年起，淄博市把每年进行的体质健康达标测试的成绩，作为学生体育中考的过程性成绩，这样做让学生和家长对体育的重视程度又得到了进一步提升。在课堂教学中，引导学生端正态度、积极参与各项体育活动，是提高课堂教学效果、促进学生身体素质提升的基础。另外，也要给家长做好中考政策的解读，取得家长的配合，与家长共同培养学生良好的锻炼习惯。

三、选项教学，促进课堂的高效

淄博市从2018级学生开始，在毕业年级的体育测试中增加了运动技能选项。选项教学是让学生选择自己喜欢的项目，这不仅是为了应对中考测试，还有助于培养学生终身体育能力。选项教学的实施，是以尊重学生的运动需求为基础，引导学生参与自己喜欢的项目练习，这必然带来课堂教学的高效。在尊重学生爱好的基础上，促进学生身体素质的提升，调动学生参与体育锻炼的热情，促进学生良好体育锻炼习惯的养成。

四、家校合作，带来体质的提升

结合"一生一案"的实施，把家庭体育锻炼作为学生素质提升的增长点。根据每个学生的特点，指导学生做好身体素质的"补差"练习，促进学生体质的全面增强。借助体育作业的布置，引导学生把体育作业作为提升自己毅力的资源，指导家长做好体育锻炼的陪同和监督。通过家校合作，培养学生良好的体育锻炼习惯，促进学生身体素质的提升。

学生对于体育的热爱，是一种生命本能的需求。借助有趣的设计、选项教学的实施，可提高课堂教学实效，激发学生体育兴趣，培养学生良好的体育锻炼习惯，促进学生体质达标。

"一生一案"助成长

根据淄博市教育局《关于全面推进"一生一案"个性化运动健身活动的通知》的要求，我校结合实际，期望通过"一生一案"个性化运动健身活动，促进学生身体素质的提高，培养学生良好的运动习惯，推进学科核心素养的落实。

一、"一生一案"价值意义

（一）"一生一案"是落实健康第一理念的有效载体

"一生一案"是根据每个学生的身体状况，帮助学生确定合适的锻炼方案，它有助于学生提升身体素质，有助于促进学生身体健康。"一生一案"能够实施的前提是学生愿意参与。在征求学生意见的基础上，可以通过"补差"来提升学生素质。因此，"一生一案"是落实学校体育"健康第一"理念的载体。

（二）"一生一案"是满足个性化需求的有效途径

"一生一案"是针对学生个体的教育，也是对学生运动需求的了解。在制订每个运动方案时，要先了解学生的个性需求，在尊重学生运动需求的基础上确定方案内容。有需求才有动力，可以通过"培优"的方式，激发学生的体育兴趣，提高学生锻炼的积极性，增强锻炼效果。

（三）"一生一案"是提升体育核心素养的重要渠道

我个人认为，"一生一案"是培养学生自主锻炼能力最好的方式。"一生一案"通过学生自愿、教师指导、家长监督的方式实施，有助于学生良好体育锻炼习惯的形成，是提升学生体育核心素养的重要渠道。

二、方法和措施

（一）了解学生需求

首先，老师通过课堂教学向学生介绍体育中考的测试方式（学年测试+毕业测试）、测试项目（学年测试项目、毕业测试项目）、分值以及考试要求。其次，介绍"一生一案"的价值意义和实施方式。再次，征求学生个人意愿，是否愿意参与"一生一案"活动。最后，根据学生爱好和身体素质状况，提供选项范围，让学生自己确定选项。

（二）了解任课教师的态度

"一生一案"的实施，离不开班主任、老师的支持，需要从学校层面制订推动计划。借助校本培训，向全体老师宣传好"一生一案"对于促进学生健康成长的意义，取得任课教师的支持，尤其要征求班主任的意见。

（三）了解家长的态度

"一生一案"的实施，离不开家长的支持和监督。借助家长会或班级群，向家长介绍体育中考的测试方案和"一生一案"的价值意义，征求家长意见，并达成实施共识，做好家长监督职责任务培训。

三、确定个性方案

体育老师为学生提供个性化方案模板，每个方案包括以下三部分：

1.确定选项内容。学生选择自己最喜欢的项目（篮球、排球、足球、田径、羽毛球、乒乓球、游泳等），尽量选择中考选项范围内的项目，并且是以后能够长期坚持参与的项目。

2.校内专项素质。根据学生的选项制订每个项目的专门素质练习3~5项。学生利用在校期间体育课、课外活动、大课间进行学习和强化练习。

3.家庭运动处方。考虑家庭锻炼会受到场地器材的限制，"家庭运动处方"提供4类，让学生每天自己选择1~2类进行练习：（1）频率练习类，快速高抬腿30秒、跳绳150次、原地小碎步60次等；（2）腰腹力量类，仰卧起坐30次、平板支撑40秒、两头起20次等；（3）弹跳练习类，连续纵跳摸高10次、收腿跳15次、单腿跳8次等；（4）球性练习类，篮球运球、排球传球或垫球、足球颠球等。

教师指导学生根据自己的兴趣爱好、身体素质状况，确定适合自己的个性化运动方案。教师根据学生的选项，组建各个项目的校内团队、校外团队，引导学生一起练习。

四、注意的问题

（一）整体规划，体育选项

"一生一案"的实施要与选项教学配合好，学校要做好项目开设的整体规划。了解学生的选项需求，然后根据学生的选项，组建好校内各个项目社团。另外，根据学生所在村庄位置，以年级为单位成立村庄锻炼互助小组。

（二）立足课堂，激发兴趣

用好体育课堂主阵地，让学生在课堂学习中掌握体育锻炼的基本知识和基本技术。在教学过程中激发学生对体育锻炼的兴趣，调动学生参与锻炼的积极性。另外，还要根据学生的个性化运动方案，做好专项素质的教学，提高学生专项运动意识和能力。

（三）家校合作，持之以恒

"一生一案"的实施需要长期坚持，才能更好地促进学生身体素质和专项运动能力的提升。因此，老师要与家长做好配合，通过班级群了解学生每天在家的锻炼情况。这个过程，不光需要教师有持之以恒的态度，更需要学生有持之以恒的行动。同时，教师要长期当好学生的督促员，使其养成自主锻炼的良好习惯。

"一生一案"是培养学生良好锻炼习惯的有效载体，也是实现体育长远效益的重要途径。推动"一生一案"的实施，是每一位体育教师义不容辞的责任。让我们用聪明才智和辛勤劳动，以科学的态度和创新的精神，以持之以恒的信心和决心，培养学生良好的体育锻炼习惯，为学生终身体育意识和能力打下良好的基础。

课堂一转"效"自来

体育课程以其独特的身体练习特点，承担着发展学生核心素养的使命。在课堂教学中老师所采用的授课模式，对于教学的效果有很大的影响。几年过去了，我还记得 2017 年 2 月 25 日下午在太公小学操场，高新区实验小学王增科老师用 SPARK 模式执教的那堂足球课。虽然一开始不懂这种课堂组织模式，但王老师用音乐引导学生练习的方式，对学生规则意识的培养有非常好的效果。整堂课学生的运动量之大，带给我强烈的理念冲击。随后在报告厅听了王增科老师对这堂课的解读，我才对 SPARK 模式有了一定的了解。

之后，高新区体育教研员赵飞老师对国内外前沿的体育课程模式——SPARK体育课程、运动教育课程模式、英国RealPE创意体育课程、健康教育课程模式，进行一一解读，引发我对体育课堂教学的深入思考。我认为，常见的军事体育课、纪律体育课、安全体育课、说教体育课、技术体育课等模式，还不能很好地完成提升学生核心素养的任务。课堂组织模式的改变，能给我们的体育课堂教学带来新的活力。以下是我结合自己对前沿体育模式的理解谈的几点看法。

一、运动教育课程模式适合学校特色课程规划

球类运动均可采用运动教育课程模式，但需要注意以下三点：

1.做好班内组织管理。在每个班级内划分3~5个团队，教师指定队长，队长挑选队员，人人参与承担不同角色，发挥各自的优势，为学生进行团队配合搭建良好的平台。

2.做好班级赛程规划。按照一个学期就是一个赛季，做好整个赛季的整体规划。准备阶段（技能学习）—季后赛—冠亚军比赛（可参考国内外三大球的联赛方式）。

3.做好团队训练。在平时教学过程中，采用团队训练的方式，用任务单的形式组织课堂训练，减轻老师的负担。也可将这样的组织形式扩展到年级、学校的某个项目的比赛。这种模式更适合初中、高中阶段的课堂教学。

二、SPARK体育课程模式适合单节课时任务安排

SPARK课程模式不太适用于运动技能的学习，但适用于复习类、技能要求比较低的练习。SPARK课程因其使用音乐、重视规则教育、运动技能的游戏化、运动负荷、发展体能、人人参与等方面的特点，更适合课堂教学的准备部分，适用于球类运动的脚步练习、球性练习、体能练习、素质练习，其可以将枯燥的练习趣味化。

三、立足学生需求，自订学习目标，体验学习成功

我们现在每节课的目标，无论是学习目标还是教学目标，设计者都是

老师，没有考虑学生的需求，没有给学生自主选择的权利。而英国 RealPE 创意体育课程，可以让学生根据自己的情况选择自己可能达成的目标。这也是让学生认识自我能力的过程，是真正尊重学生主体地位的体现。一节课结束，可能每个学生都会体验到自己学习和练习的成功。这样的目标设定，会更容易激发学生学习和锻炼的内部动机，有利于调动学生参与练习的积极性。

让学生进行自我目标等级的选择和确定，让每个学生体验自己练习的进步和成功，为学生喜欢体育、热爱体育注入了不竭的动力。从学生的需求出发去设计分层目标，也能够引领老师去深入研究教材，了解学生的能力和需求，制订出难度逐步递升的目标，从而促进老师专业能力的成长。

四、优秀课程模式，提高运动密度，促进教学有效

在趣味的引领下实现学生个体练习时间的增加，即提高练习密度，也是优秀课程模式遵循的原则。无论是 SPARK 体育课程和运动教育课程模式，还是英国 RealPE 创意体育课程和健康教育课程模式，都是为了提高运动密度，使一节课的练习达到 50% 以上，让课堂的练习更加有效。

五、优秀课程模式指向体育课程终极目标：学以致用

学以致用是体育课程的终极目标追求。学生进行运动技术学习的目标是参加比赛，比赛也是检验学生基本技术、战术运用的实践场。在学习和练习中，无论是规则意识的培养还是技战术的运用，都是为每个学生终身体育运动意识、能力、习惯做好储备。

优秀体育课程模式，都是围绕有效、有用而组织教学。结合实际选用优秀体育课程模式，让我们的体育教学在帮助每个学生健康成长、实现每个学生核心素养提升的过程中，发挥出更强大的育人功效。

学得主动，教得成功

"怎样才能充分调动学生的积极性？"是我经常思考的问题，直到聆听了毛振明教授"如何上好体育课"的报告，我才找到了问题的解决方案。

我结合自己的教学实践，借鉴毛教授指导的方法，采取以下4种措施，调动学生的积极性，取得了较好效果。

一、做好教材的处理是调动学生积极性的关键

"教给学生以后可能用到的、能够锻炼身体的运动技术"，是毛教授在报告中多次提到的。那么，在日常工作中体育教师要如何做呢？一句话，体育老师要做好教材的处理，这是每个体育教师需要做好的本职工作，也是调动学生积极性的关键。

1.做好教材的分类。根据学校的实际情况，可以将运动技术教学内容分成4类：精教类、简教类、介绍（体验）类、锻炼类。

2.做好教材的搭配。如果一节课的主教材是技术含量高、学生感兴趣的内容，那就搭配趣味性差、有实效的练习；如果一节课的主教材是技术含量不高、学生不太喜欢的内容，那就搭配趣味性高的游戏，让体育课堂教学有趣且有效。

3.做好每学期"精教""简教"规划。找出一项精教的内容，每学期拿出一半时间来教，打造学校的体育品牌。每学期找出一项简教的内容，教会学生6~8个基本的技术。让学生经过4年的学习能够学会一项运动技能，了解2~3种练习内容。

二、让学生体验到成功是调动学生积极性的根本

在教学中，我有这样的体验：在300米计时跑的练习中，最初的方法是老师设立男生1分5秒、女生1分10秒为达标，结果每个班级都有10个左右的学生不达标，并且这些同学的练习态度相当不积极。后来我改变了方法，设立了及格标准为男生1分25秒、女生1分30秒，良好标准为男生1分5秒、女生1分10秒，优秀标准为男生55秒、女生1分，意想不到的结果出现了，所有的同学都能达到良好以上的成绩，每个同学都异常的兴奋，我的内心也受到极大的震撼。通过与学生交流得知，在最初的方法中，跑得慢的同学感觉自己即使努力也达不到标准，产生了放弃的想法，于是不认真跑。而后来设立的及格标准比较低，学生感觉能够及格就全力地参与练习，最后出现了意想不到的结果。

两种方式的对比，让我认识到：降低目标，使学生更容易体验到成功，也能更好调动学生的积极性。让学生体验到练习的成功，是我每节体育课对自己的要求。从毛教授的报告中，我知道了可以通过改变竞技规则、改变教具，如扩大篮圈、多设篮圈、降低排球网高度等方式，让学生体验到练习的成功，体会到体育的乐趣。同时，毛教授的报告也拓宽了我"让学生体验到练习的成功"的思路。

三、改变练习的方法是调动学生积极性的新动力

创新各种练习的方法，可提高学生参加体育锻炼的积极性。在各项身体练习中，如果把一个人做的动作，改成两人练习，练习的趣味性就会大大增强，学生练习的积极性和主动性就会得到大大提高。看到毛教授列举的各种游戏，我深知自己在练习方法创新方面还有很大的欠缺。通过了解学生需求、学生设计游戏、向同行学习、深入研究教材等方式，我找准各项内容练习方法的创新，让自己的教学更有新意，让学生的积极性得到更好的调动。

四、重视运动的安全是调动学生积极性的保障

体育教学中，安全要放到第一位。我在教学中通常采用三种方式确保课堂教学的安全：一是循序渐进的方式，逐步提高练习的难度，降低安全事故发生的概率；二是课前做好各种场地器材的检查，带着高度的责任感，定期进行器材维护；三是在学生练习前和练习中，教会学生自我保护的要领。

提升学生运动能力，让学生学会有用的运动技术，是体育教学的目标。有趣的设计，是引领学生积极参与体育学习的关键，也是一堂体育课有效的关键。我从做好体育教材的处理、让学生体验到成功、改变练习的方法、重视运动的安全着手，设计好每一节课，调动学生参与体育学习的积极性，让体育课堂教学更加有趣、有效！

第二章 技能运用：创新助成功

运动认知与技战术运用是指学生对运动价值的认识以及对所学运动技能的运用情况。学以致用，是体育与健康课程的最终目标，也是运动技能教学的最终目的。作为一名乡村体育教师，我从学校体育工作实际出发，加强课堂教学创新研究，激发学生对体育的兴趣；加强教育教学规律研究，让学生在技能学习中体验到成功；加强运动项目专项训练，促进学生掌握运动技能；加强运动训练价值研究，让学生认识参与训练的价值；加强课堂教学研究，让体育课堂更加有趣；积极参与各类学习，提高课堂教学效果，提升学生的运动认知与技战术运用能力。

我参与　我成功　我快乐
——体育课堂要让每个学生得到成功的体验

有幸聆听了孔屏老师"做中学生的心理导航员"讲座，感想颇多，引起我内心共鸣的是"要让学生体验到成功的快乐"。《老师应该怎样和学生说话》这本书中给我印象最深的一句话是"老师要了解孩子的内心需要"。在我们的体育课堂中，学生都渴望体验到练习的成功，得到老师和同学的肯定。通过对《义务教育体育与健康课程标准（2011年版）》的学习和理解，我个人认为，让每个学生体验到成功的快乐应该是水到渠成的事。

回首往昔的教育经历，记忆犹新的是那一次给初二年级（3）班上的一节跳高教学课。这个班级中有个叫晓炜的女生，从她的日常行为观察，她好像有点儿先天的运动障碍——不会跑，动作相当不协调。每次准备活动的慢跑热身，即使用上全身的力气，她也都是远远地落在其他同学的后面。她虽然跑得很慢，但每一次都是尽力跑完，这也是我对她印象深刻的原因。

记得在给这个班上跳高教学的第一次课时，我把横杆的高度设置得比较低，在50厘米左右，目的是让更多的同学跳过去，帮助学生树立起学习的信心。经过我简单讲解和分解练习之后，学生开始进行完整的过杆练习，参与练习的同学已经能很轻松地跳过去了。当轮到晓炜时，她跑了过去，但没有跳。旁边的好几个同学还冷嘲热讽地说："老师，她永远也跳不过去。""不用让她跳了，她不会跳，让她在边上看着我们跳吧。"

听着其他同学对晓炜同学的冷嘲热讽，我心里感觉很不是滋味，也为我的粗心而深深自责，但我内心深处却升起一种反抗的想法，"我就不相信她不能跳过去"。于是我没有理会其他同学的话，而是走过去再次降低了横杆的高度（横杆的高度调整到只有40厘米左右），并对同学们说："同学们，我们再给晓炜一次机会吧！大家给晓炜同学来点儿鼓励的掌声好不好？"在我的带动下，同学们开始热烈鼓掌，给予她鼓励。在同学们的鼓励下，她开始了第二次试跳，在起跳的瞬间她有点儿犹豫，结果摆动腿过去了，起跳腿收得太慢把横杆打了下来。

为了帮晓炜树立再次尝试的信心，我对全体同学说："同学们再来点儿掌声，晓炜同学就能够成功地跳过去了！"同学们再次给予晓炜鼓励的掌声。我走到晓炜的身边告诉她："动作再稍微快一点儿，你就能跳过去了。相信自己，一定能行！"在我和同学们的鼓励下，晓炜开始她的第三次试跳，结果她成功地跳了过去。同学们自发地给予了她热烈的掌声。

于是我走到跳高架旁，将横杆的高度稍稍提升了一下（大约45厘米），并对同学们说："让我们再给晓炜点儿鼓励，争取让她跳过现在的高度，好不好？"同学们又一次给予她热烈的掌声。在我和同学们的鼓励下，晓炜开始了新高度的试跳，结果她成功了，同学们再次给予她热烈的掌声。当我再次走到跳高架前，把横杆提升到最初的高度（50厘米），在同学们的鼓励下，她再一次成功地越过了这一高度。虽然在接下来新高度的练习中，她每次都是将横杆打下来，但每一次练习她都是认真去做，渴望自己再有新的突破。

在以后的每节体育课，晓炜同学都比以前更加认真。虽然她与其他同学的运动能力相比仍然有相当大的差距，但我能够感觉到这节跳高教学课对她的影响，她比以前自信了，也更加努力了。

课下，我对本课的教学进行了认真反思总结。总体来说，这节课的教学是比较成功的。我在课堂教学中不仅做到了面向全体学生，还能根据学生的个体差异，采取有效的教学手段，把"关注学生的个体差异，使每个学生都受益"的教育理念落实到了教学实践中。通过教师和同学的激励，每一位同学都能够体验到"关注别人的成功，也能给自己带来快乐"，同学之间的关系更加融洽，同学们能够更加和谐地交往。这节课的不足之处是，我没有全面考虑学生的实际运动能力，今后需要多研究学生的运动基础，设置难度递升的练习，让每个学生体验到成功，在难度递升的练习中激发学生深度学习的兴趣。

"因人而异，适当降低学习的难度，让每个同学都体验到成功"，也因此成为我体育教学设计时首先考虑的原则；我也更加注意在教学过程中，适当地为体质较差的学生降低学习难度，力争让每一个学生在体育课堂中体验到成功的快乐，把"课程标准"中"课堂教学面向全体"的教育理念落实到我的教学实践中。

身体是最好的学具

多年过去了，我还对省网络研修中温老师"用身体写L"的那节课有着深刻的记忆。一次普通的肩肘倒立的学习，成为学生用身体对字母L的模仿探究的资源。在惊叹温老师高超设计艺术的同时，我开始寻找运动技能学习与教学艺术的创意来源，期待从中窥得一些端倪，以备自己在教学中使用。

一、课堂设计的巧妙

初中学生的学习模仿能力比较强，从课一开始温老师就引导学生思考，怎样运用身体书写字母L，把肩肘倒立的学习巧妙地藏到学生自主探索的后面。用身体写L，是本课的切入点，也是温老师对肩肘倒立动作形象化的比喻。对技术动作做形象化的比喻，应该是温老师这节课创意设计的起点。温老师对于学生的学习特点也把握得非常准确，引导学生进行技能学习的探究也显得非常自然。

二、课堂设计的艺术

自主合作探究，是新课改倡导的教学理念。在这节课中，温老师让学生用身体书写字母 L，引导学生探究进行技能学习的方式，这就是课堂教学中落实探究理念的一个非常好的范例。从引导学生探究 L 字母的那一刻起，学生就已经参与到肩肘倒立的练习之中。我认为，温老师的这节课具有非常高超的教学设计艺术。

三、场地变化的巧妙

体育教学过程中，都会有练习场地变化，这一环节处理好了会成为亮点，处理不好会成为败笔。温老师在练习场地小垫子的转移变化时，采用小组竞赛的形式，使学生在很短时间内完成了练习场地的变化。这种巧妙而有效的场地变化策略，是温老师教学智慧的彰显，值得我在教学中借鉴和运用。

四、教材研究的深入

温老师课堂导入语言的设计、教材内容与字母 L 的联结、学生积极进行自主探究练习，都体现出她对教材内容透彻研究、匠心独具的设计和教学组织的创新。学生对于字母 L，是非常熟悉的，他们都用笔写过，但是从未用身体书写过，因此学生兴趣非常高。由此可见，用贴近学生生活的问题引领学生探究才能取得好的教学效果。

根据温老师上传的资源包内容和我个人的理解，提出以下两处需要改进的地方：

1.运用正面典型展示效果更好。第二次自主探究结束后，老师找了 3 个动作不规范的同学，并结合同学动作中错误的地方进行讲解。表面上来看，能够让其他同学看到问题出在哪里，实际上却忽略了这几名同学的内心感受，也是对这几名同学自信心的打击。因此，建议改用正面典型做讲解，号召其他同学向他学习，效果会更好。

2.参与小组展示人员越多越好。学生经过一定量的练习后，在场地器材允许的情况下，让小组全体同学进行展示，一是更能激发全体同学参与练习的热情，二是凝聚小组成员的集体荣誉感和向心力。可采用达到 A 等（制订 A 等的标准）同学人数评定小组学习情况。

总之，温老师的课堂设计带给我许多启发：课堂教学巧妙设计的来源，是技能教学与贴近学生日常关联事物的融合；体育教学的目的是提高学生的运动能力，巧妙的教学设计能够更好调动学生的积极性；用正面典型引导效果更好；参与展示人员越多越好。

研到深处新自来

创新能力是提高课堂教学实效的关键。在一些体育老师的课堂上，经常看到新颖的教法、独到的组织方法和器材新功能的创意，这时，心中就会对这些老师产生一种敬佩之意。同时，也非常迫切地想找到这些创新方法的来源。

在与这些老师的交流以及各类学习中，找到了答案：这些老师的创意都来自对运动技术、动作原理、力学原理、学理、场地器材、比赛规则等课程资源的深入研究。

一、深入研究教材，找准创新的源泉

（一）研究技术结构，找准技术重点难点

对教材的技术结构研究要从技术基础、技术环节、技术关键和技术细节四个方面进行。教学重点是技术关键，教学难点是学生易犯错误的技术细节。只有准确把握各项运动技术的技术基础、技术环节、技术关键和技术细节，才能确定各项技术教学的重点和难点。例如跳远，无论是"蹲距式"还是"挺身式"，其技术基础均由助跑、起跳、腾空、落地四个技术环节构成，起跳就是技术关键环节。根据所学的技术动作，创编辅助性的练习操或游戏，体现教师在教材研究中的创新。

（二）研究动作要点，归纳要点练习口诀

要点归纳的常用方法：单字口诀（排球垫球"插、压、夹、抬"）、双字口诀（原地单手肩上投篮"屈膝、蹬地、展体、抬肘、伸臂、压腕、拨指"）、四字口诀（武术的神态：精神贯注、气势饱满、手眼相随、内外

合一、含而不露、神志舒展）、五字口诀（篮球行进间直线运球：拍球后上部、落地侧前方、球弹腰高度、奔跑向前望）、七字口诀（鱼跃前滚翻：摆臂蹬地前跃起、腾空下落手撑地、低头含胸两臂屈、团身抱腿前滚起）。实际教学中，教师可根据需要进行动作要点的归纳。

（三）研究动作原理，找准难点解决关键

并清楚各项技术的动作原理和力学原理，是解决教学难点的关键，也是提高学习效果的有效方法。如，健美操学习中，要解决手臂动作松散、无力的问题。通过体验"手指瞬间并紧"的动作，学生会明白"力度的体现是通过肢体的远端瞬时用力来完成"。跑的运动原理是蹬与摆的组合；跳的运动原理是动能和势能的转化；健美操和武术的运动原理是放松与紧张的组合；等等。

二、研究学生学情，找准创新的方向

（一）研究学生恐惧，找准解决方法

基于学生个体和项目特点，每一项教学内容都可能对学生造成一定的心理障碍。如，背越式跳高教学中，学生易出现怕摔、怕碰、怕伤等心理障碍。教师可通过与学生的交流，帮助学生克服心理障碍，找到适合学生心理特点的解决方法，提高教学效果。

（二）研究学生需求，找准项目兴趣点

通过与学生的交流，找到每项教学内容中学生的兴趣点。如篮球，学生最感兴趣的地方是把球投进篮筐。因此，在篮球教学中，"先教学生投篮，再教学生传球和投篮，最后教运球和投篮"要比"先教运球，再教传球，最后教投篮"效果好。

三、研究规则改变，找到创新的路径

对竞技比赛规则的固守，是教师创新思维的桎梏，也是多数学生成为学习的失败者、抹杀学生练习积极性的重要原因。例如，排球的发球教学，让学生一开始就站到标准排球场地外面、利用标准的网高练习发球，估计一节课练下来，最多有1/3的学生能体验到发球的成功，有一半以上的学生（一节课的练习）一次成功的体验也没有。学生缺少了成功的体验，对体育的兴趣就会降低，甚至会产生心理上的抵触。

还拿排球的发球练习来说，如果让学生先从3米线开始练习发球，相信大多数学生甚至是所有的学生都会有发球成功的感受，然后采用发过网向后退一步再进行练习，估计练到最后，几乎每个学生都能从端线将球发到对面的场地上。因此，对竞技规则、场地、器材进行改变，更容易让学生感受到运动的成功，找到自信，感受到体育的乐趣。

四、研究场地器材，找准创新的方法

体育教师可以对现有体育器材的使用方法和功能进行拓展。如，把几根长跳绳首尾相接，让学生左手抓绳一起跑，作为弯道跑练习的辅助工具。再如，用篮球或足球进行实心球的教学。

作为新时代的体育教师，从研究教材、研究学生、研究规则、研究场地器材中，提高自己的创新能力，发挥自己的聪明才智，调动学生参与学习的积极性，才能使每个学生体验到体育的乐趣，促进每个学生运动能力的提高。

"跑跳步"技术含量知多少

跑跳步是韵律操和舞蹈基本步之一，是发展学生协调能力的有效手段。在多年的训练和教学实践中，我在做好跑跳步基础上，借助跑跳步的变化，引导学生快速掌握和改进后蹬、跨步跳、腾空步等短跑和跳跃基本技术，取得了较好的教学效果。

一、练习方法和动作要求

（一）后蹬跑技术

让学生先做行进间跑跳步练习，重点强调摆动腿快速地向后下放、蹬伸，两臂配合摆腿做前后摆动。对动作僵硬、蹬伸不充分的学生，一是强调动作放松，二是幅度由小到大，三是频率由慢到快，这可较快地改正学生的错误动作，使学生掌握正确的后蹬技术。

（二）跨步跳技术

让学生先做普通跑跳步，再做行进间高重心跑跳步练习。逐渐加大摆动腿前上摆高度和幅度，重点强调腾空时间尽量要长，两臂要配合摆腿进行双摆或单摆的摆动。练习时，两膝放松，动作幅度由小到大。

（三）腾空步技术

让学生先做普通跑跳步，再做行进间跑跳步练习，逐渐加大动作幅度。重点强调大腿下放有力、向上快速起跳，同时体会摆动腿与摆臂的瞬间制动。

（四）短跑落地技术

让学生做行进间跑跳步练习，强调摆动腿的大腿主动下压，踝关节积极前伸，用脚前掌落地支撑。动作幅度由小到大，频率由慢到快。

二、优点

（一）有助于提高学生短跑放松能力

短跑要求运动员具有较强的放松能力。做跑跳步练习时，放松与紧张交替出现，并且随着动作频率的加快，放松（腾空）时间逐渐加长。因此，运用跑跳步练习可促进学生放松能力的提高，有助于掌握正确的短跑技术。

（二）增强下肢小肌肉力量，提高快速起跳能力

做跑跳步练习时，无论是向上起跳还是下落着地，小腿胫腓两侧和大腿内外两侧小肌肉群，都做快速有力的收缩；高重心跑跳步练习，腾空时间要长于落地时间，起跳速度要快。因此，跑跳步对发展学生下肢小肌肉力量和提高快速起跳能力，具有较好的效果。

经常做跑跳步练习，不仅能够提高学生的协调能力和快速起跳能力，还可以改变大肌肉力量超前、小肌肉力量滞后的不足。

篮球场上运动美

在尊重学生运动需求的基础上，学校成立篮球、足球、排球、轮滑、跳绳、田径等体育社团，让学生选择自己喜欢的社团定时参与社团活动。作为篮球社团的负责人，我希望学生通过篮球运动养成良好的体育锻炼习惯，因而我认真做好计划、细心辅导、勤做总结反思。我发现在总结反思中，能更好地发现学生的进步，也能够发现不足，找准以后训练的提升

点。这些收获给我带来许多美丽的心情。因此我把做好每月的训练总结作为重要工作任务之一。于是，我在每个月的月初制订训练计划，月末进行训练总结。现在我就以初一篮球社团 9 月份训练总结为例，讲一下我在总结反思中的收获。

一、队员基本技术有提高

（一）传接球技术有提高

在这一个月中，前两周重点加强了传接球基本技术的学习和训练，大多数的同学能够在组合练习中运用正确的传球和接球的基本技术，传接球技术的提高比较明显。我认为，传接球技术的提高更得益于"四角传球"的练习。

（二）突破能力有所提高

在本月中，学习了"以左脚为中枢脚的交叉步和顺步"的持球突破基本动作，每个同学都能够明确交叉步、顺步的脚步动作以及结合球的突破路线。通过近两周的突破训练，每个同学的个人进攻能力都有了不同程度的提高。

（三）投篮动作还待改进

原计划这一个月的任务主要进行投篮技术的强化训练。在练习中发现改进投篮动作必须要改正持球动作，于是在前两周将训练重点转移到传接球的正确持球训练中，后两周进行投篮的强化训练。多数学生虽然明白了投篮的动作要求，但用力不够协调，尤其是向上的用力不充分，命中率太低。

二、队员组织纪律有好转

从课间操训练、体育课训练、社团活动和周六上午的出勤情况来看，大多数的同学能够按时参加训练，仅有个别的同学不按时参加。体育课训练、课间操、社团活动训练出勤情况最好，周六训练缺勤人数相对较多，需要做好周末训练时间的调整。

三、训练中还存在的问题

（一）队伍纪律还不够严明

仍存在个别队员拖拉、无故不到现象。课间操时间学生到场地比较慢；个别同学无故不参加训练（在今后一定要杜绝）；下午第四节训练集合比较慢；训练中有说笑打闹现象。

（二）准备活动意识不够强

队员对准备活动的重视程度不够，导致在练习中多人出现手指受伤，这要求我加强准备活动重要性的解读。

（三）队伍集体观念不够强

队员中有老队员欺负新队员问题；训练结束时，有时球筐不上锁，有时篮球丢在室外没有人收。

（四）队员个人意志力薄弱

在训练中怕苦、怕累的现象还是经常出现，一些训练内容达不到要求练习的次数，因此练习效果不好。

四、确定10月份的训练目标

1.加强团队纪律要求，增强时间观念。做到人人按时参加训练，有病、有事要请假。

2.加强思想教育，让每个队员明确：不仅要练好篮球基本技术，还要锻炼好自己的意志品质，增强拼搏意识。

3.加强投篮技术的专项训练，提高行进间投篮的技术和命中率，进一步提高个人运球突破能力。

4.明确传切、挡拆配合的基本路线，明确快攻基本路线，提高整体配合意识和能力。

5.加强体能、身体素质练习，全面提高个人身体素质。体能和良好的身体素质是篮球运动的基础，只有做好基础的储备才能取得更大的进步。

一个月的训练已经结束，在欣喜地看到每个队员提高的同时，也要在今后的训练中弥补他们的不足，帮助他们养成良好的锻炼习惯。期盼在下个月的训练中看到每个同学更大的进步！

为训练赋能

"把自己当伯乐，把学生当人才，与家长交朋友"，这是我在日常训练中遵循的理念。有体育特长的孩子就如同一匹存在于人间的"千里马",没有体育老师的慧眼,或许他的特长将会埋没。体育老师不仅要上好体育课,还要去发现孩子身上具有的"日行千里"之能。因此,作为某个项目的教练,要用"伯乐"般的慧眼去发现具有某个项目潜质的队员,并引导这样的孩子参与特长项目的训练,让孩子身上的特长,在较为系统的训练中成为他的优势,甚至是立身之本!

要想带好一个运动队,不仅需要体育老师时间上的付出,更需要情感上的付出。在关注每个孩子运动技能提高的同时,更要用自己的真心,建立与学生心灵上的联结。在关注学生的同时,更需要与家长进行交流互动。每个家长都渴望看到孩子的成长和进步,教练员要"带着与家长交朋友的真心",经常将学生的进步反馈给家长。这种经常性的互动,很容易促使教练员与家长成为朋友。

"先育己自觉,再育他人自觉。"每一名教练员,都渴望运动队中有积极主动训练的队员。队员的积极性不仅需要通过多种方式的游戏、活动来激发,更需要教练员用自己积极的行动做好队员的榜样。相信在教练员以身示范的行动中,每个队员都会成为积极主动的人。

对于每一个孩子来说,参与某个体育项目训练的价值,不仅表现在技能和体能的提升,更表现在对学生个人意志的磨炼、健康人格的完善。要让学生在项目训练中取得比较理想的成绩,不仅要有老师对这个项目的深度学习,掌握其中的技术技巧和学生的兴趣点,还需要老师对这个项目的热爱,点燃学生对此项目的学练热情。

每个项目的训练,都需要老师与队员较长时间的投入,其中不仅有技术、战术的指导,还有老师对每个队员的情感融入,如此,这个项目的训练才能从单纯的技战术教学上升到育人层次。

有趣课堂增活力

学生对体育课堂的喜欢、对体育的兴趣,一是源于自己对某个项目的热爱,二是教师在教学中对学生兴趣的激发。在临淄区体育课堂"三有"(有趣、有量、有效)理念的引领下,我把"有趣"作为教学设计的重点去考虑。在每次备课时，我都会问自己这样一个问题："如果我是学生，这样的体育课我喜欢吗？"在多次与学生的交流中我得知：他们喜欢好玩的、有趣的、能学到运动技术的体育课。我从学生的需求出发，把游戏、比赛穿插于技术动作的学习和练习中，使课堂更加有活力，激发了学生的体育兴趣。

一、开始部分——创意导入集中精神

每节课的开始部分，主要任务是集中学生注意力和做好课堂导入。通过创意活动设计，不仅能够完成集中学生注意力和课堂导入的任务，还能够提高学生对体育的兴趣。我通常采用以下四种方式：

1.特别的问好。在师生问好时，老师问，"同学们好！"需要学生整齐响亮地回答，"好！很好！非常好！"如果学生的回答不整齐或声音不够响亮，需要重来，直到达到标准为止。

2.体育明星导入。教师展示明星图片或询问学生知道的、与本课内容相关的体育明星，激发学生学习的积极性。如，短跑，可以用苏炳添；长跑，可以用王军霞、邢慧娜；篮球，可以用姚明、易建联、詹姆斯、科比、乔丹等；武术，可以用成龙、李连杰；排球，可以用郎平、中国女排；足球，可以用中国女足；等等。

3.体育谜语导入。利用体育谜语竞猜，引导学生参与到学习中。如，谜面：短兵相接，打一体育项目名称，谜底：乒乓球；谜面：红领巾中队长，打一体育项目名称，谜底：双杠。

4.反口令游戏。原地的反口令游戏：口令"高人"，学生下蹲；口令"矮人"，学生起立；口令"向左转"，学生向右转；口令"向右转"，学生向左转。

二、准备部分——游戏穿插激发兴趣

准备活动的热身环节，可以通过穿插游戏或主教材技术动作的模仿练习，来激发学生兴趣，提高学生学习的积极性。我常采用的准备活动热身有以下三种方式：

1.慢跑+游戏，在慢跑中加入"报数组团""呼号追逐"等游戏。

2.慢跑+本课学习主要内容的模仿性练习。

3.球类项目，尽量结合球进行热身，让学生在热身的同时增加接触球的次数，也可以加入游戏如：篮球运球抢球游戏、运球中红绿灯游戏等。

让学生在热身练习中感到有趣、好玩，这才能更好激发他们参与体育学习的积极性。

三、基本部分——教学比赛点燃激情

学生把学到的运动技术在日常生活中进行运用，是体育课堂教学的最终目的。每个运动项目，都包括基本技术、专项素质、脚步练习以及与这个项目相关的比赛或游戏等内容。我认为，教学比赛是主内容学习后基本技术运用的拓展和延伸。在每项技术学习之后，一定要搭配能够促进本课技术学习或能够检验成效的比赛或游戏。这就需要老师深入研究教材，发挥自己的聪明才智，选择好与本课技术学习相关的比赛，用教学比赛点燃学生参与体育学习的激情，同时也促进学生运动能力的提升。

四、整体设计——难度递升体验乐趣

在教学设计时，首先要找准每个体育项目学生最感兴趣的点，然后对每个技术动作进行深入研究，并形成三至五个难度等级，让学生在难度升级的练习中体验到进步，感受到成功，体会到学习的乐趣。如，篮球的变向换手运球，可以划分为原地双手拨地滚球—体前左右摆球—原地体前变向运球—走动中体前变向换手运球—跑动中体前变向换手运球—有防守的体前变向换手运球。虽然初中学生喜欢有点儿挑战性的练习，但是如果学习起点的难度过高，很容易让学生失去信心。因此，让学生根据自己的能力，选择开始的难度等级，尽量选择略低一点儿的难度开始练习，让学生体验到成功，先树立起学习自信心，再主动去提高练习难度。

有趣的设计，会让体育课堂绽放应有的魅力！这需要教师发挥自己的聪明才智，围绕"有趣"做好教学设计，让学生喜欢上体育课，从而激发他们对体育的深度热爱！

第三章　展示比赛：挑战出精彩

体育展示或比赛是培养学生自信心和提高学生运动能力的有效方式，是教师对体育学习、比赛育人功能的挖掘。作为一名乡村体育教师，我结合学校实际做好"校园 NO.1"体育品牌创建，依托"校园 NO.1"体育节活动，搭建校内学生体育活动展示和比赛平台；根据学生需求，开设自行车、足球、篮球、排球、乒乓球、跳绳、轮滑等体育社团，引导学生选择自己喜欢的体育项目，让每个学生都有参与校内外比赛的机会；借 2022 年北京冬奥会的举办，组织学生开展主题学习展示活动；加强学校体育工作研究，促进学生运动能力的提高。

校园 NO.1，人人乐挑战

为了把"健康第一"的指导思想落到实处，我们以"校园 NO.1"体育节为引领，通过了解学生对体育项目的需求，结合学校传统体育项目和大课间常态运动项目，确定了三类项目：开幕展演、团队协作、个人挑战项目。此举搭建了体验团结协作和个性展示的平台，激发了学生参与体育活动的热情，培养了学生的规则意识和团队协作能力。

一、设计思路

我校"校园 NO.1"体育节，旨在通过一些易于校园开展的非竞技性项目和学校传统的竞技类体育项目，弘扬拼搏向上、团结协作的体育精神，推动我校师生的自主锻炼意识，形成我校独特的体育文化。"校园 NO.1"活动，把"更快、更高、更强、更团结"的奥林匹克精神根植于师生心中。体育节项目较多，基本达到100%的参与率，使每个学生都能为班级争光，都有展示的舞台，培养了学生良好体育锻炼习惯。

二、项目价值

（一）开幕式展演

采用强度较小的走操（入场、退场）、健美操、分项练习（跳皮筋、足球基本技术、踢毽子）形式。走操：帮助学生保持良好的身体姿态，培养学生的纪律意识和团队意识；健美操：增强学生的有氧运动能力和韵律感，提升学生的审美能力；分项练习（跳皮筋、足球基本技术、踢毽子）：利用器材进行基本技术的练习，便于引导学生课外进行练习。

（二）团队项目

在锻炼学生各项身体素质的同时，有利于培养学生团队协作的能力。学生在练习各个项目时，需要集体讨论，为提高班级的比赛成绩献计献策，这对班级凝聚力的形成有明显的促进作用。

（三）个人项目

在锻炼学生各项身体素质的同时，有助于学生形成自主锻炼的意识和奋勇争先的品质，在校园范围内形成敢于挑战、公平竞争的良好体育氛围。

（四）设立"校园NO.1"光荣榜

在校园内开辟出文化专栏，设立"校园NO.1"光荣榜。对在体育节上设置的所有项目，比赛的精彩瞬间、比赛项目（集体、个人）、人员、成绩进行公示。每学期组织一次挑战赛，欢迎其他同学或班级进行挑战，若挑战成功就及时更换光荣榜。

三、活动内容

确定比赛项目，需用器材较少，采用的基本技术也相对比较简单，利于在全体同学中推广。

（一）开幕展演

将学校大课间的大众健美操、跳皮筋、足球练习、踢毽子进行整体规划提升，让学生拥有仪式感、参与感，积极参与到体育节后续的各项比赛中。

（二）团队项目

设置足球班级联赛、篮球班级联赛、拔河、单腿火车跑、多足虫竞走、2人3足跑、一分钟跳长绳等项目。

（三）个人项目

设置足球一分钟颠球、足球踢准、足球运球绕杆射门、篮球一分钟定点投篮，以及立定跳远等体质健康测试项目。

在确定以上比赛项目的基础上，学生个人或班级，可以根据个人或班级的优势申报个人或团队体育项目，申报的体育项目经学校批准后将成为新学年的比赛项目。

四、组织形式与安全要求

（一）组织形式

由于我校体育节项目较多，所以组织形式不一。一些竞技性和观赏性较强的项目，例如，拔河、单腿火车跑等，在下午课外活动时间穿插进行；足球班级联赛和篮球班级联赛，由于比赛场次多、对场地有要求，所以利用课外体育活动时间进行，并组织相关级部或班级有序观看。

（二）安全要求

任何有疾病的学生不得报名参赛；所有活动必须由体育老师组织进行；体育节活动时，所有参赛队员必须听从老师安排，非参赛队员，需在指定位置观看；活动之前需由体育教师对场地、器材进行安全检查；体育节活动需有学校医务人员在场；活动中出现体育活动事故立即启动体育活动应急预案。

五、运动效果评价

设置的项目中，除足球班级联赛和篮球班级联赛外，其他项目运动强度不大，运动时间不长，预计学生心率在130次/分钟左右；足球、篮球班级联赛会出现较激烈时段，预计学生心率会达到160次/分钟。

开幕式的展演，学生不仅能够进行走操和健美操的团队展示，也能够增强纪律意识和审美能力。团队项目比赛，需要经过一段时间准备，学生的团队协作能力和集体荣誉感得到发展。个人项目，学生为了争当"校园

NO.1",在比赛前能认真准备,这有利于学生良好体育锻炼习惯的形成。

用学生喜欢的争当"校园 NO.1"的形式,对促进学生技能的提升、素质的提高,有很好的引领作用。"校园 NO.1"将学校一年开展的体育活动进行有机串联,体育活动项目较多,深受学生的喜爱,能够达到100%的参与率,使每个学生都能为班级出力,都有展示的舞台,最终达到培养学生运动习惯、增强终身体育意识的目的。

"骑"出生命的精彩

2013年,淄博市第十六届运动会的自行车比赛在淄川举行,临淄区代表队以我校学生为主参加本次自行车比赛。经过激烈的比赛,最后我们以9枚金牌,17枚银牌,14枚铜牌,总分406高出第二名5分的好成绩,获得团体总分第一名。优异成绩的取得来之不易,里面有老师的付出、有学生们的拼搏、有家长的支持,更有学校领导的鼓励!

自行车项目的比赛,是第十六届运动会新增加的比赛项目,一共有两次比赛,一次是锦标赛,一次是大届正式比赛。带领我校学生参加市级比赛这是第一次,因此,我个人有担心完不成任务的压力。回顾这一年零五个月的经历,有训练场上洒下的汗水,有家长们的支持,有队员们比赛的精彩瞬间,有比赛胜利的收获!为做好以后的自行车训练,对2012年和2013年的比赛做如下总结。

一、锦标赛总结

(一)选才工作

1.队员初选。从3月份开始初步选拔,确定我校70人的大名单,男生30人、女生40人。考虑到2013年是自行车项目的正式比赛时间,如果学生不在我校上学的话,参加比赛的队员人数就很难得到保障。因此,在选才上重点考虑初一、初二的学生,也有部分初三和小学五年级的学生。这也给我们的后续工作带来了一定的困难。

2.确定人选。在初步选拔的基础上,对学生开展思想教育,鼓励学生积极参加自行车项目的训练。由于很多家长不支持学生参加,于是从最初的 70 人缩减到 50 人。男生 20 人，女生 30 人。因此，自行车项目的注册队员就由我校 50 人和在市体校训练的十几人组成。

3.骨龄检测。在骨龄检测的过程中，我校 50 名同学都通过骨龄检测。

（二）报名工作

根据骨龄检测通过名单和自行车比赛的要求，7 月 23 日开始进行报名。骨龄检测的结果是男甲 3 人，女甲 10 人；男乙 23 人，女乙 26 人。比赛项目是男甲 9 项，男乙 10 项；女甲 9 项，女乙 10 项。根据比赛规程的要求，每人限报两项，每项限报两人，团体赛需要 4 名同学参加。我们甲组的队员明显不足，于是从举重项目转过 5 名男生、2 名女生。最后的报名人数是男甲 8 人，男乙 20 人；女甲 12 人，女乙 20 人。

（三）训练工作

从 3 月份注册结束后，我就开始加强队员的身体素质练习。比赛用车到位后，先在校内进行自行车基本技术和体能的训练，学校也尽可能地提供支持（我校有 50 名同学参赛，光饮用水每天就至少要消耗 10 箱）。虽然天气炎热，但老师和学生都能够按时到校进行训练。

辅导教师身兼三职：1.担任教练员，指导学生技术。2.努力做好家长的思想工作。由于是在假期，我校学生居住的村庄比较分散，最远的离学校 20 多里路。早上给晚去的学生家长打电话；每天训练结束后，都要给 50 个学生家长打电话，询问学生是否安全到家。3.承担自行车的维修工作。由于学校场地比较简陋，每天至少有 2～3 辆自行车扎胎。

（四）参加比赛

7 月份在沂源举行的锦标赛中，我们的队员表现比较出色，圆满完成比赛任务。甲组夺得 4 枚金牌，6 枚银牌，3 枚铜牌，获得 149 分，列金牌数和团体总分第二名。淄川以 7 金 6 银 3 铜，总分 185 分，列第一名；桓台以 4 银 5 铜，总分 119 分，列第三名。乙组夺得 4 枚金牌，3 枚银牌，8 枚铜牌，总分 167 分，列第二名。淄川以 6 金 8 银 6 铜，总分 211 分，列第一名；桓台以 6 金 3 银 5 铜，总分 166 分，列第三名。从成绩来看，我们与淄川第一名的成绩差距较大，与桓台第三名的成绩相比，仅有微弱的优势。因此，明年的比赛目标是保二争一，但形势比较严峻。

二、正式比赛总结

（一）确保参赛人员

从去年锦标赛来看，很多项目报名人数不足 8 人，也就是说学生只要能参加比赛就能拿分。因为通过骨龄测试的人数不足，我们的甲组也出现一项只报一名队员的情况。因此，今年我们的目标是确保去年参加比赛的学生都能参加比赛，才能确保我们总分第二名目标的达成。结合我校实际情况，我们要经常性地开展谈心、家访行动。

1.做好谈心交流。经常与参加比赛的学生进行交流，了解他们对比赛的看法，了解他们的需求，引导学生积极参加每次训练，并确保他们能够按时参加比赛。

2.开展家访行动。利用假期走进学生家中，了解学生在家学习以及各方面的表现，了解家长对学生参加自行车比赛的态度和看法，取得家长的支持。

（二）加强训练辅导

根据学校实际、学生情况，开展训练。

1.利用好课间操和体育课，加强学生的体能训练。

2.布置每天素质练习任务。给男生、女生分别布置不同的力量练习任务。

3.用好周末、假期做好单独训练。因为多数参赛的学生，周末和假期要上辅导班，于是针对每个队员的学习时间，分批、分时段组织学生到学校参加训练。

4.将自行车分给学生，用好上学、放学路上的时间，也提高学生练习自行车的积极性。

（三）做好报名规划

根据每个学生去年锦标赛成绩，认真研究比赛规程，做好报名的整体规划和调整。

1.调整学生参赛项目。尤其是锦标赛成绩不理想的学生，提前告知调整的项目，进行有针对性的训练。

2.团体赛项目。根据比赛规程，团体赛需要 4 名同学参加，取 3 人的成绩，结合队员人数，甲组的团体赛，我们都报了3人。

3.避开市体校优秀队员的项目。张庆伟老师专门负责与市体校学生的对接，了解他们的优势项目，让我们的队员尽量去争取最好成绩。这些措施，为我们取得团体总分第一名做好了铺垫。

（四）确保比赛顺利

确保报名的队员都能够顺利、按时参赛，这是取得胜利的关键。在赛前的领队教练会上，我们拿到了比赛的秩序册，当看到各区县代表队的人员名单时，我们悬着的那颗心就已经放下了。从今年的报名情况来看，与去年相比，我们的队员流失是最少的！

"人人都出彩，比赛才精彩"，这是比赛前我和学生确定的口号和目标。在比赛中，每一位队员都能做到全力拼搏，展现自己的精彩，也取得了超出平时训练的优异成绩。经过全体队员的共同努力，最终夺得了团体总分第一名。

一年多来，学生积极参与自行车比赛的备战，无论是速度、耐力、力量等身体素质都有大幅度的提高。尤其每天的家庭锻炼任务，每个同学都能认真完成。因此在比赛中，每个队员都能骑出自己的最快速度，挑战自己的最好成绩，"骑"出自己生命的精彩！

庄户孩子迎"篮"而上

齐陵街道第二中学是一所九年一贯制农村学校，现有小学部11个班、中学部12个班，在校学生780余人。在各级教育和体育主管部门的指导下，学校确立了"以校园篮球带动学校体育工作发展"的思路，通过校园篮球的课堂教学、篮球社团活动、"校园NO.1"体育节等活动，形成了以篮球为载体的特色发展之路。

一、立足学校实际，为校园篮球"把脉"

由于学校地处比较偏僻的农村，大部分学生家庭条件比较一般，家长的文化水平也不高，而且对体育教育的意义也认识不到位。以上情况导致我们在教学和训练比赛等方面遇到了较大的阻碍。结合我校的实际情况，我们清晰地认识到，只有抓好课堂教学，以女子篮球作为我们的特色项目，全面带动我校的体育工作才是明智之举。

二、加强组织领导，为校园篮球"正心"

学校在王炳锋校长领导下，分别成立了以韩建忠副校长和杨志伟副校长为组长的中小学部校园篮球工作领导小组。领导小组深入学习全国学校体育工作会议和教育部、厅下发的相关文件精神，认真对照体育与健康课程标准，制订每学期篮球教学活动计划，修订篮球教学组织管理制度，每学年组织篮球教学总结和效果评估，稳步推进校园篮球运动健康长远发展。学校组建三级篮球代表队，经常性开展班班比赛、年级竞赛和校内联赛，积极锻炼学生的意志品质，广泛培塑"团结、求实、创新、奋进"的校风校训，带动了学生素质全面提高和健康成长。

三、夯实条件保障，为校园篮球"凝神"

学校中小学现有体育专职教师6人，这6人都有强烈的事业心、责任感，其中3人被评为区优秀篮球教练员，具备较高的专业素养和丰富的教学经验。学校建成了3个常用、2个备用室外篮球场，配套了2个教具存放间。每学期组织人员对篮球运动场地和球、架、网等进行维护更新，学校篮球训练器材和教学设施数量充足。学校将体育教学、篮球训练和竞赛以及大课间、课外活动计入工作量，使体育教师与其他科目教师同工同酬。每学年针对市、区、校级的各项赛事，学校设立篮球工作专项经费，保证了篮球教学、训练、比赛的顺利开展。

四、抓实教育教学，为校园篮球"聚力"

（一）每周一节篮球课

因为篮球项目是我校的特色发展项目，在开齐体育课的基础上，每周上好一节篮球课。

（二）课外提供篮球专业指导和服务

篮球运动纳入大课间或课外活动。满足喜爱篮球的学生在每天一小时校园体育活动中获得专业的指导和训练。

（三）建设校园篮球文化

积极开展以篮球为主题的校园文化活动，通过学校公众号，报道篮球活动，展示特色成果。

五、抓好训练竞赛，为校园篮球"提气"

（一）成立篮球组织，积极开展篮球比赛

现在我校共有4支校级篮球代表队，中学部男女、小学部男女篮球队，小学二年级以上建有班级、年级代表队。学校注重加强校园文化建设，经常开展丰富多彩的篮球运动。学校充分发挥学生的竞赛意识，每月组织班班对抗，每季度组织年级对抗，每年参加市、区中小学生篮球联赛。

（二）开展科学训练

学期初，教师会详细科学地制订篮球训练、比赛计划，在保证训练比赛质量的同时，还要培养学生的安全意识和自我保护能力，提高学生的预防伤害及处理能力。在训练中，我们还会经常带领队伍到山东省篮球传统强校——雪宫中学训练学习，寻求更先进、更科学的技术指导。

六、盘点辉煌佳绩，为今后校园篮球"蓄力"

近几年，我校的特色项目——女子篮球取得了长足的进步，在市、区级篮球联赛中都取得了优异的成绩：山东省中小学生篮球联赛初中女子组第十三名；淄博市中小学生篮球联赛初中女子组第五名、小学女子组第六名；淄博市第三届中学生三人制篮球联赛初中女子组第五名；临淄区中小学生篮球赛初中女子组第二名、小学女子组第二名。

在校园篮球开展的道路上，我们将在校本课程开发、课题研究、比赛机制创新方面大做文章、深入研究，以篮球为媒介培养学生良好的锻炼习惯，提升学生技战术能力，促进学生体育核心素养的提升！

小足球，大校园

作为一名体育老师，能够参加临淄区教育局组织的赴青岛中能足球俱乐部为期一周的足球培训，我感到非常幸运。本次培训活动不仅能够现场

观看中能的比赛,还能近距离看到职业足球运动员的训练和生活日常。

通过培训,无论是在足球训练理念上,还是在训练的方法上,我都有很多收获。李应发"大帅"对自己足球人生专业的解读,让我领悟出作为一名体育老师应该如何进行足球的教学和训练。另外,从李大帅身上折射出的人格魅力,值得我在今后的工作中学习。因此本次培训,不仅是对我足球训练理念的提升,更是对我人生方向的最好指导。为更好地推动校园足球的教学工作,我结合本次学习谈如下几点体会。

一、校园足球要教孩子什么

(一)把握足球训练的重点

对于在大学半路接触足球的我来说,足球的训练可谓"盲人摸象"。虽然在学校也带领学生进行足球训练,但总觉得自己是门外汉。在本次学习中我了解到,足球训练与其他运动项目相比有着自己的技术规范要求。从一生从事足球事业的李大帅的解读中,我得知:足球训练的重点,应该从培养学生的球性,学会协调步伐,降低身体重心,提高灵活性等方面入手。只有把握教学和训练的重点,才能把足球教学和训练做得更加扎实、有效。

(二)了解影响足球训练的因素

对足球训练四大因素(技术、身体素质、战术、心理素质)以及相互关系的了解,能够更好地帮助教师把握训练的内容。足球训练四大因素的关系为:战术意识是第一位,战术意识主导足球比赛,技术是基础,要在比赛中合理使用;身体素质是保证,而通过训练所得到的身体素质要满足比赛的需要;心理素质是智慧,是足球训练灵魂的体现,它主宰着足球比赛中的技术和战术水平的发挥,甚至能主宰一场比赛的胜利。

(三)快乐体验中爱上足球

无论是熟悉球性的练习,还是基本技术乃至技能的教学,都要遵循由易到难、由慢到快的原则。让学生在由慢到快、由简到繁的练习中,体验到学习的成功,感受到足球运动带给他们的快乐。这些快乐的体验,是引领学生积极主动地参与到足球运动中的内在驱动力,也是培养学生足球运动兴趣的有效方法。

（四）培养孩子的规则意识

整体攻防是足球训练的原则。因此，在教学训练中，要通过强化教学、训练的纪律要求，来培养学生的规则意识。让学生认识到，比赛中按规则踢球、执行教练的战术要求，就是遵守规则。

二、校园足球怎么教

（一）教师的正确动作示范

培养学生正确的技术动作，是提升孩子足球运动能力的基础。教师要能够用正确的动作为学生做示范，这是调动学生主动学习的关键。在每个技术动作的教学中，如果老师都不能做出正确的示范动作，他将无法判断学生的技术动作是否正确。

（二）丰富的准备活动内容

无球的跑动、有球的练习、有球和无球的练习，都可以作为准备活动的内容。也可把身体练习、技术练习、战术练习与准备活动进行有机融合，使准备活动的内容更加丰富，提高学生练习的积极性。让学生在多样的练习中，达到"热身、预防受伤"的目的。教师还要结合主要学习内容进行安排，使准备活动更加有效。

（三）有效的难度递升步骤

从简单到复杂、由易到难是体育教学的基本规律。在足球训练中，要按照"原地练习、走动练习、跑动练习、消极对抗、积极对抗"的难度递升步骤，这能够使足球训练更加有效，也能够更好地激发学生参与足球学习的积极性。

（四）融洽的关系是育人之本

李大师在讲到"教练员的素质和职责"时说，一名优秀的教练要处理好与队员的关系，了解每个队员的家庭、性格、特长、爱好。我认为，这也是一名老师与学生平等沟通、融洽师生关系的有效方法。老师带领学生训练的过程，也是育人的过程。只有了解学生，才能根据每个学生的特点进行引导，帮助他更好地成长。

（五）用好小场地比赛练习

1对1、2对2的练习是足球比赛的基础练习方式。1对1是提高学生个人能力的基础，2对2是足球阵型训练的基础。教学和训练中多采用小场地比赛，提高学生参与学习的热情，激发学生的足球兴趣。

（六）发挥教师的人格魅力

李大帅身上所展现的人格魅力，让我为之感动。作为一名体育老师，不仅对孩子有严格的纪律要求，更要有以身作则的行动，展现为人师表的人格魅力。言传不如身教，老师日常生活中的一言一行都会对学生产生影响。因此，体育老师要注意自己的日常言行，如文明用语、守时守信、动作规范、爱惜器材等，为学生树立榜样。

三、把学生教到什么程度

比赛是最好的训练，比赛是训练的导师。"培养学生良好的体育锻炼习惯"，是学校体育教学的最终目标。比赛是每个体育项目的最终目标，只有把学生教会才能比赛。在每项技术的学练中，都要穿插相应比赛，让学生在比赛中学会总结得失，提高自己的技术能力，这也是育人的过程。

在校园足球的推广中我们渴望看到，课余时间学生能与同伴一起利用校内或校外有限的场地，摆上四个标志作为球门，组织一场小型的比赛。我们更希望看到，学生把足球比赛作为生活的一部分，养成良好的锻炼习惯，主动去提高自己的足球技术。

体育品牌创建方法论

我听过三句非常值得体育老师思考的话。一位家长的话："体育老师也算是老师？"一位校长的话："你们这种体育课的上法，雇个民工就能干！"一位数学老师的话："体育课最好上，不就是让学生跑跑、跳跳嘛，我也能上。"

面对近似侮辱的评价，我开始思考，怎样体现体育老师独特的工作价值？在参加山东省骨干教师培训时，从毛振明教授的报告中，我得到了启发：创建学校体育品牌，引领学生学会有用的、可以强身健体的运动技术。那么,怎样创建学校体育品牌呢?

一、做好教材分类,确定必学内容

如果将体育教学的教材内容比喻成"吃饭",那么"有技术、有兴趣"的教学内容就是"主食",包括篮球、足球、排球、乒乓球、健美操以及专项游戏等;"有技术、趣味性差"的教学内容就是"副食",包括体操、素质练习、武术等;"无技术、有趣味"的教学内容就是"作料",包括简单的游戏(反口令、报数组团)、简单的舞蹈等;"无技术、无趣味"的教学内容就是"白开水",包括耐久跑、队列队形练习等。

我们要做好四类教学内容的划分,就如同日常生活中的饮食一样,主食要天天吃、副食作补充、作料可以增加香味、水一定要适量喝。按照这个原则,结合我校的实际,我把足球和乒乓球项目作为学校每个年级必须开展的两项运动项目。

二、通过层次递进,明确"学会"标准

以篮球层次递进的"学会"为例:"勉强的会"是能参加同伴自发组织的半场比赛;"基本的会"是不仅能参加同伴组织的篮球比赛,还能得到不少分;"会"是能参加学校或社会组织的比较正式的比赛;"很好的会"是能参加学校或社会组织的半场比赛并成为主力。学的技术动作达到会用的程度,才是真正的学会!其他项目的学会,也可以通过层次递进的方式来理解和设计。

三、确定精教内容,做好课时分配

(一)每学期确定一项精教内容

每个学期找一项精教内容,用一半以上的学时(12周左右),让学生"学会"一个项目的运动技术。列入"精教"范围的内容:常见的、有技术含量、可行的、学生喜欢、教师能教、场地允许、与学校传统体育项目结合的内容,如篮球、排球、足球、武术、乒乓球、羽毛球、花样跳绳、健美操等。

结合我校实际,我们把乒乓球确定为每个年级上学期的"精教项目",

用 12 周的时间进行乒乓球教学；把足球确定为每个年级下学期的"精教项目"，拿出 8 周时间，进行足球的教学。让学生掌握乒乓球、足球的基本技术，不仅要学会做动作，还要能在比赛中运用。

（二）每学期找出一项简教内容

用每个学期剩下的学时（20 学时左右）学一项技术的 6~8 个基本动作。简教内容，需要具备的几个要素：未来生活中可能遇到的、有必要具备一定基础的、教学条件允许的项目。可以是从篮球、排球、武术、乒乓球、羽毛球、花样跳绳、健美操等项目中选出精教内容后的技术含量高的项目。一学期学一项，一年学两项。简教内容要达到的目标是：师傅领进门，修行在个人。即每一项教会学生 6~8 个基本的技术。在整个初中四年的体育课学习结束后，每个学生可以学到 6~8 项简教项目的基本技术。

四、创建体育品牌，形成学校特色

把学校确定的、每个年级都开展的精教内容"足球、乒乓球"作为学校的品牌项目，作为体育大课间、课外活动的主要内容。根据学生年龄特点，分层设计体育大课间中足球和乒乓球操、基本技术的规划。结合学校的场地、器材，安排恰当的练习内容。以足球特色大课间活动为例，将足球的基本技术分成四种练习形式：球性练习、运球技术、传接技术、脚步练习。比如，周一安排是：初一球性练习；初二运球练习；初三传接球练习；初四脚步练习。周二安排是：初一运球练习；初二传接球练习；初三脚步练习；初四球性练习。可以根据实际，每天进行练习内容的轮换，也可以是每周轮换、每月轮换，也可以固定每个年级的练习内容不变。

总而言之，通过"学校体育品牌"的创建，做好学校体育管理的整体规划，做好各类体育教材的梳理，让每一个孩子都能够学会有用的运动技术，提高体育课堂教学的实效。

走进冬奥会主题学习

2022 年冬季奥林匹克运动会是我们国家继成功举办 2008 年北京夏季奥运会之后又一次大型体育盛会，也是体育界最热门的话题。我校围绕冬奥会开展主题学习活动，引导学生结合实际，用力所能及的行动，了解冬奥知识，参与冬奥会的主题学习，激发学生参与体育锻炼的热情。

一、组织冬奥知识学习

冬奥会前，我们以"我是冬奥宣传员"为主题，组织学生从四个方面进行冬奥知识学习：1.第24届北京冬奥会是奥林匹克格言变为"更快、更高、更强、更团结"后的第一个冬奥会，北京成为第一个"双奥之城"；2.冬奥会的口号是"一起向未来"；3.冬奥会的吉祥物是冰墩墩；4.北京冬奥会的办奥理念是"绿色、共享、开放、廉洁"。我们要求学生结合自己的实际，用创意图画、微视频制作等方式开展宣传活动，为冬奥会加油助力。

二、捕捉冬奥感动瞬间

在整个冬奥会期间，从开幕式到比赛，再到闭幕式，有很多令人感动的精彩瞬间。学生可以用图片、微视频的方式记录下来，并用自己的语言向他人讲述这些精彩瞬间。

1.开幕式上的感动瞬间。开幕式上有许多令人感动的瞬间，如当小号手吹响《我和我的祖国》时，五星红旗在庄严而神圣地手手相传；阜平山区的孩子们用希腊语演唱奥林匹克会歌；等等。这些令人感动的瞬间，是家国情怀的表达，能够震撼心灵。

2.赛场内外难忘的事件。在赛场内外有许多令人感动和难忘的事件。如2月19日，巴赫向中国人民颁发奥林匹克奖杯；赛场上，中国运动员一次次奋力拼搏的坚毅身影；中美混双冰壶比赛结束后，中国运动员向美国运动员赠送奥运纪念徽章；苏翊鸣夺冠后，其他队员与他一起拥抱；等等。这些令人难忘的事件，是对奥林匹克精神最好的诠释。

3.中国健儿的荣耀时刻。中国代表团的每个夺牌时刻，毫无疑问是最精彩的瞬间。每一块奖牌都是中国健儿敢于拼搏、勇于挑战自己极限的奋斗精神的体现。这些精彩的瞬间，都蕴含着体育精神的力量，会给人带来感动和震撼，也会促进学生体育学科核心素养的提升。

三、解读"了不起的冬奥"

(一) 中华民族文化的完美呈现

民族的就是世界的！冬奥会是中华民族灿烂文化向世界展示的平台，也是中华文化与体育融合的完美呈现。在冬奥赛场上，无论是赛道冰丝带、雪如意、雪游龙、奖牌"同心"、"游龙虎冠"钢架雪车头盔的设计，还是开幕式上的24节气、立春表演、黄河之水天上来的意境、圣火雪花和闭幕式上的折柳寄情的表演等，都是中华民族文化在赛场上的完美呈现，也是民族文化与时代的融合。教师引导学生去寻找冬奥会上展现出的民族文化，并与他人进行分享，了解中华民族优秀传统文化与时代的创新融合。

(二) 冬奥会中运用的科技创新

疫情当前，中国智造是保证冬奥会能够按时顺利举办的保障。鸟巢升级为最智慧的馆；水立方实现"水冰转换"，变身"冰立方"；冰丝带打造"最快的冰"；"百米级""分钟级"精细化气象预报；数字人手语生成服务；8K画面结合声道环绕立体声；奥运村中的智慧餐厅；京张高铁上首个5G超高清演播室；吉祥物冰墩墩的科技创意；开幕式上科技带来的惊喜；闭幕式上AR红线织成的中国结；等等，这些都是冬奥会上展现出来的我们中国的高科技发展成果。教师引导学生寻找这些让人惊叹的科技创新成果，与他人进行分享，激发学生的创新意识和爱国热情。

(三) 冬奥会中新创的世界纪录

本次冬奥会中，有不少比赛项目诞生了新的世界纪录，创造了新的动作极限。教师引领学生通过挖掘这些项目背后的人物故事，了解他们的奋斗经历，学习他们敢于挑战自我、敢于挑战极限的奋斗精神，从而让学生更好地理解"更快、更高、更强、更团结"的奥林匹克精神。

总之，冬奥会是中国向世界展示科技、文化、人文、生态的一次盛会，更是促进学生核心素养提升、开展育人教育的宝贵资源。学生在参与冬奥会的主题学习中，为祖国自豪，为胜利振奋，既增长了体育知识，又领悟了体育精神。

研究日常，提高实效

作为一名体育老师，可从课堂教学、体育管理（训练、大课间、社团）、器材创新、课题研究、课程开发、课题研究等方面做好日常研究，促进学生运动能力的提升，推动教师专业能力的提升。

一、做好课堂教学的研究

课堂教学研究需要做好以下几件事：

1.把教材研究透彻，把握好技术基础、技术环节、技术关键和技术细节，明确每一项教材的重难点，尽量选择与主教材相关的游戏或比赛。

2.研究好学生的基础、需求、兴趣点、恐惧点等，确定学法。

3.设计好练习难度的递升顺序，先练什么，再练什么，解决好重点和难点。

4.研究好器材的使用和使用的队形变化。

依托学校体育教研组，把每项内容都设计成一节优质课，在做好教学研究的同时，上好常态课。每次公开课、优质课、教学能手评选前，教研组成员一起研究进行提升。

二、做好体育管理的研究

通过学校体育品牌创建，带动体育管理效果的提升。

1.根据学校的实际，确定好训练项目，把握好规律，研究好比赛，使训练项目成为学校的特色项目。

2.根据学校师资、学生需求，做好大课间和课外活动的研究，打造特色大课间。

3.做好体育作业和"一生一案"研究，提高学生身体素质。

三、做好器材创新的研究

根据教学需要，进行教具的改良、创新制作，或对现有器材的功能进行开发，提高教师的创新能力。对已有器材在形状、大小、重量、高度、色彩、布局、材料、功能等方面进行创新。如，利用长跳绳结成一个圆圈，练习弯道跑；篮球投篮的初学阶段，用排球或足球练习投篮；用球类器材代替实心球学习投掷动作；排球发球初学时，降低网高；将乒乓球变成各种不同的颜色；一个篮板挂上三个篮圈，按一字形排列；用纸制垒球，练习投掷；用跨栏架作跳跃练习的障碍物；等等。

四、做好校本课程的开发

借助体育选项教学的实施，做好校本课程的开发，需要做到以下几点：

（一）项目技术研究好，做好精心设计

每个运动项目要达到"常赛"，老师要完成三个任务：一是教会这个项目基本技术的练习方法、要点，使学生能够根据自己的技术状况进行强化练习；二是让学生知道这个项目需要具备的专项素质练习方法，使学生能够根据自己的状况去提升相应的素质；三是让学生掌握游戏或比赛的练习方法，能够与他人一起进行游戏或比赛。

1.把项目研究好，设计难度递升的练习。每个项目都包含基本技术、组合技术、战术、专项素质练习、游戏、比赛等，教师分别设计出难度递升的练习。首先，把基本技术研究好，尽量能让学生快速掌握。其次，围绕加强基本技术，再搭配难度递升的专项素质、游戏、比赛。最后，围绕基本技术的运用进行组合技术、战术练习。

2.把学生研究好，做好三个水平的设计。我们每次课的设计，就是校本课程开发的主要组成部分。按照选项教学要求，根据学生能力，需要设立三个不同水平的小组：基础组、中间组、优秀组。因此，在练习过程中，需要设计三个不同难度的练习，每个组的练习难度也要逐步递增。例如，篮球运球练习的设计，基础组是行进间直线运球、中间组是运球绕障碍运球、优秀组是两人一组追防运球。

（二）日常成果积累好，整理好校本课程

一个完整的体育校本课程要有：课程封面、目录、课程实施纲要（课程目标、内容、实施对象、评价）、课程内容（按照技术划分单元）、课程评价。

教师按年级把两个学期或者更多学期的学案设计整理好，形成自己的校本课程，可以参与教学成果的评选，也可以作为课题研究的成果使用。

五、做好课题研究的规划

（一）课题选题

建议从"一个项目促进学生核心素养（或几个要素）提升"角度确定选题，也可从其他角度确定课题。例如，篮球促进初中学生核心素养提升的研究；体育品牌推动初中学生核心素养提升的研究。

（二）确定整体规划

经过一年或几年的研究后，会达到什么样的状况，如，学生体育核心素养三个方面、十个维度能达到的状态，教师专业发展能达到的状况。用好课堂教学、大课间、课外活动、训练、比赛、体育作业、影视欣赏等路径和可使用的资源，确定好研究框架。确定最后的研究成果，如开发的校本课程、论文、研究报告等。

（三）做好专题学习

研究好申报流程、要求、申报方式等，写好申报书以及其他材料。

（四）成果积累

把课题研究分解到日常工作中，积累好训练笔记、活动图片、获奖证书、公开课、优质课、人物故事、学习体会、教学设计、调查问卷等过程材料。做好开题报告、中期评估、结题报告，最后结题。

做好学校体育的日常研究，用课程开发引领选项教学的深度研究，用文字成果呈现日常研究过程，用课题研究推动体育核心素养的落实，不仅能促进学生运动能力的提升，还可以推动教师个人专业发展。

第二辑
健康行为的促进

健康行为是学生增进身心健康和积极适应外部环境的综合表现。健康行为包括体育锻炼意识与习惯、健康知识与技能的掌握和运用、情绪调控、环境适应四个维度，主要体现在养成良好的锻炼、饮食、用眼、作息和卫生习惯，树立安全意识，控制体重，远离不良嗜好，预防运动损伤和疾病，消除运动疲劳，保持良好心态，适应自然和社会环境，等等。

健康行为是学生健康生活习惯的重要方面，是提升学生体育核心素养的重要任务。作为一名乡村体育教师，我以"如何做好学生健康行为的促进"为研究点，结合实际，借助课堂教学、校外比赛、大课间、校内活动等促进学生的健康行为；参与多种形式的学习，做好学校体育工作日常研究，提高个人的专业能力；发现教育的幸福，推动学生体育学科核心素养在日常生活中的落实。

文明其精神,野蛮其体魄。

——毛泽东

运动是一切生命的源泉。

——达·芬奇

第四章　锻炼习惯：互动多创想

体育锻炼意识与习惯是学生健康生活方式和良好生活习惯的重要组成部分，是学生体质增强、素质提升、身体健康的重要保障。培养学生的体育锻炼习惯，是体育与健康课程教学的重要任务，是提升学生体育学科核心素养的关键。作为一名乡村体育教师，要结合学校实际，充分运用校内外体育资源，引导学生积极参与课堂教学、大课间活动、校内活动、体育社团、校外比赛、体育作业、家庭游戏互动等，培养学生良好的体育锻炼习惯。

毅力小课程，能力大提升

体育作业，是培养学生自主锻炼习惯的重要资源和途径，是老师布置的要求学生在课外进行身体练习的内容，包括校内课外体育作业、校外家庭体育作业、校外其他体育作业。狭义的体育作业，主要指家庭体育作业，是学生自主完成或在家人辅助、监督下进行的身体练习。

一、认识体育作业布置的价值和意义

（一）布置体育作业是落实上级文件政策要求的需要

教育部办公厅等15部门印发《儿童青少年近视防控光明行动工作方案（2021—2025年）》，提出"全面实施寒暑假学生体育家庭作业制度"。《教育部办公厅关于进一步加强中小学生体质健康管理工作的通知》（教体艺厅函〔2021〕16号）强调"保证体育活动时间。合理安排学生校内、校外体育活动时间，着力保障学生每天校内、校外各1小时体育活动时间。……学校要对体育家庭作业加强指导，提供优质的锻炼资源，及时和家长保持沟

通"。校外体育活动的时间,需要老师借助体育作业的布置来保障。因此,体育作业的布置,既是落实上级文件精神要求,又是培养学生良好体育锻炼习惯和提高学生身体素质的有效途径。

(二)布置体育作业是培养学生体育锻炼习惯的需要

体育教学的最终目标是培养具有终身体育锻炼意识和能力的人。布置体育作业是引导学生参与体育锻炼和培养学生自主锻炼习惯的有效途径。另外,初四毕业考试内容发生变化,由以素质测试为主转为"素质+技能"测试。老师要指导学生根据自己的兴趣选好技能项目,加强课外的培优练习,这有助于学生良好体育锻炼习惯的形成。

(三)布置体育作业是取得体育中考优异成绩的需要

家庭体育作业的布置,是满足家长、学生对体育中考优异成绩的期望,积极应对体育中考的有效策略。目前淄博市实施的初中学生体育中考计分方式(每年体育达标成绩+初四毕业考试成绩),需要学生在日常生活中,通过完成体育作业作为教学的有效补充。因此,体育教师要指导学生根据每个年级的体质健康达标测试项目,结合自己的身体素质状况,尤其是自己的弱项进行补差练习,力争让每个学生在每次的测试中取得好的成绩。

二、作业布置原则

(一)科学性

由于学生和家长缺少体育锻炼的专业知识,因此,在布置家庭体育作业时,体育老师要充分考虑练习内容、练习顺序、练习次数、练习的难度、练习的强度。每项内容设置三个以上难度不同的等级,作业设置按照"必做+个性练习"模式。如,基础素质练习内容——俯卧撑,设计四个难度等级:一级跪卧撑、二级跪卧撑击掌、三级俯卧撑、四级击掌俯卧撑。另外,体育教师要为学生提供专业的指导,避免学生在练习中出现事故。

(二)选择性

学生的兴趣爱好、素质差异比较大,因此,体育教师应尽可能帮助学生制订好自己的训练计划,力争做到"一生一案"。体育作业的设置,按照"基础素质+个性素质"的方式,每个项目设置不同难度的等级,让学生自己选择练习套餐。如，小郭同学选择基础素质练习四级击掌俯卧撑，个性素质二级难度 80 次中速 + 80 次快速的跳绳练习。

（三）自主性

体育作业的完成，是培养学生自主锻炼习惯的保证。学生自己确定完成作业的时间和练习地点，可以在体育课堂休息时间、体育课外、家中、校外其他地方。对于练习的次数，学生根据自己的能力和身体状况自行确定，可以进行一组练习，也可以进行超出指导组数的练习。如，1 分钟跳绳的练习，老师指导的练习组数为 2~3 组，学生可以选择每天做 5 组。

（四）小和实

布置的作业内容，尽量要选择运动强度小，每组用时较短的内容，如男生俯卧撑 10~15 次为一组，3~4 组。让学生根据自己的实际情况，选择自己能够完成的练习任务。如，上肢力量差的学生可以选择用一级跪卧撑练习；上肢力量好的同学可以选择四级击掌俯卧撑练习；等等。

三、体育作业的分类

体育作业按照学生学习时间来划分可分为两大类：学生在校学习期间老师布置的体育作业和寒暑假期间老师布置的体育作业。按照内容可分为：素质练习类、技能练习类、亲子游戏类。按照素质类型可分为：力量、速度、柔韧、耐力、协调。按照项目单元类型可分为：田径类、体操类、球类、武术、舞蹈等。

四、操作方式

（一）做好学生思想引领，认识完成体育作业的意义和价值

学生参与体育锻炼的动机，是其能够认真完成课外体育作业的关键。在体育课堂教学中，教师要针对体育作业的布置做好讲解，引领学生在思想上认同体育作业的布置，让学生认识到长期坚持体育锻炼对一个人成长的价值和意义。可以适时分享"柏拉图成功的秘诀""科比知道洛杉矶早上四点的样子""王仕鹏的三分绝杀是怎么来的"等故事，激励学生积极参与体育锻炼。

另外，对课外体育锻炼的原则、顺序、内容选择、练习次数、时间等

做好专门的讲解，在课外为学生提供相应的咨询指导服务。

（二）做好家长培训指导，形成家校协同监督和指导机制

每一位家长都希望自己的孩子身体健康，能够在体育考试中取得优异成绩。体育教师要通过家长会、家访、电话交流等方式，与家长沟通达成监督和指导学生参与体育锻炼的共识。老师要就如何监督、如何指导、如何评价对家长做好专门的培训和指导，强烈建议家长与学生一起练习或进行家庭比赛。另外，老师要面向每个家长公布咨询电话、QQ、微信，向家长提供咨询服务。

（三）做好每日锻炼评价，推动体育锻炼持续长久落实

学生每天练习的情况，可以通过上传视频、打卡等方式进行完成情况的确认。老师不仅要指导家长做好学生每天锻炼的鼓励性评价，还要在体育课堂中对能够坚持参与体育锻炼的学生提出表扬。另外，体育作业的完成情况，也可以作为学生运动参与的附加分值和参考依据。

五、具体案例：毅力责任状引领学生体育锻炼

毅力的提升就是把简单的事情重复做、坚持做。通过引导学生签订毅力责任状，在遵循自愿选择的基础上，让学生自己选择想练习的内容和完成的次数，让家长做好监督，把体育锻炼转化为提升学生毅力的宝贵机会。

1.课堂教学中，给学生讲"柏拉图成功的秘诀"的故事。让学生明白，可以把体育锻炼和毅力提升融合起来。将基础素质练习内容作为家庭体育作业内容的参考，让学生自己选择练习时间、练习内容、练习数量，做到每天坚持。选择的内容尽量不要受场地、器材的限制，练习的数量是学生比较轻松就能够完成的次数，时间要具体到几点几分。如，小强同学选的是每天晚上 7:30 进行 20 次俯卧撑的练习；小芳选择的是每天晚上 8:00 进行跳绳练习，跳 170 个；小茗选择的是每天早上 6:00 进行 50 次仰卧起坐。

2.指导每个学生签订好自己的毅力责任状。每个同学的毅力责任状上，不仅要有明确的开始时间和结束时间，还要有学生自己签字、家长签字。让学生将毅力责任状贴到每天最容易看到的地方。家长作为监督人，要履行好监督、提醒职责，督促孩子按时完成体育锻炼任务。

3.课堂上对学生课外体育锻炼完成情况进行评价和检测。根据学生上传的锻炼视频和打卡情况，老师每节课要对学生体育作业的完成情况进行通报。结合每次的素质测试，让学生看到自己的进步，让每一名同学在增强身体素质的同时提升自己的毅力。

把体育作业转化为提升学生毅力的资源，是我对体育作业的理解。学生在体育作业的完成中，提升了自己的毅力，也塑造了自己的体育品格！

游戏互动欢乐多

初中阶段的学生，容易与家人产生矛盾，导致亲子关系紧张。我一直在思考，通过什么内容，用什么方式，既可以融洽亲子关系，又能引领家庭成员一起参与体育活动？学以致用，是体育教学的最终目标。经过一番思考，我想到，可以借助家庭游戏来达成此目的。游戏是学生喜欢的活动，可以转化为家庭成员之间互动的媒介。在游戏中，学生是组织者，家长是参与者，这种方式非常有利于家庭的融洽。结合学校实际，借助小手拉大手的模式，让学生把在学校学到的游戏带回家，与家人一起互动。

第一阶段：布置体育作业引导家庭游戏尝试。用游戏激发学生兴趣，是课堂教学中常用的教学策略，也是备课时首先考虑的一个因素。在临淄区体育课堂"三有"（有趣、有量、有效）理念的引领下，我的课堂教学设计中每节课至少有一个游戏。基于让学生把游戏带回家的思考，在进行游戏选择时，尽量选用不使用器材或者可从家中找到可替代器材的游戏。不使用器材的游戏，如高人矮人、反口令、抓手指、你推我让、俯卧撑击掌等；使用简单器材的游戏，如喊号扶棍、投物入筐、脚夹物比远等。

课堂教学中，在组织学生参与游戏的同时，让学生学会游戏的组织方法、规则以及要求。课后给学生布置体育作业，让学生在家中与家人一起进行游戏活动。在与家人的互动中，亲子关系会变得融洽。对于家庭游戏的活动场景，学生可通过班级体育锻炼群上传或单独发给老师。下节课上课时，对每个同学组织家庭游戏的情况进行点评，并将每次活动作为运动参与评价的附加分。

第二阶段：鼓励学生参与家庭游戏创编展示。我认为，游戏可以作为培养学生自主学习、提升创新能力的资源。在经历过第一阶段学生组织家庭游戏后，我决定让学生尝试家庭游戏创编。鼓励学生通过网络搜索学习新的家庭游戏。学生也可以把爷爷奶奶小时候玩的老游戏或原来组织过的游戏进行创造性的改编。在进行游戏改编时，学生可以寻求老师的指导。如果哪位同学想把改编的游戏在课堂上进行展示，需要在课前与老师进行沟通，符合要求就可以在课堂教学中进行展示。老师会组织各组的组长，对每个同学改编的游戏进行评价，评价结果作为每学期体育明星评选的参考依据。

第三阶段：开发家庭游戏校本课程。教师把适合在家庭中开展的游戏以及学生创编的游戏收集起来，还可以自己对已知的游戏进行创编；根据家庭游戏的类别，进行归类整理，形成家庭游戏校本课程。整理不仅能够储备许多在课堂教学设计中可使用的游戏资源，也能够促进教师树立个人成果积累意识、提高创新能力。

家庭游戏是一种引导家庭成员之间互动的资源。经过一学期的尝试，我在与家长的交流中得知，家长与孩子的关系更融洽了。就如小宇家长说的，小宇是个比较内向的孩子，原来孩子回家很少与大人交流，自从孩子让家长一起参与游戏，他们之间的交流就多了，孩子经常跟家长说在学校的一些情况。用家庭游戏引领家庭成员一起参与体育活动，不仅能够激发学生的体育兴趣，也能够促进家庭成员的身体健康。

听出来的创想

在担任临淄区小学组优质课评选的评委时，我发现这次优质课评选采用的是同题异构的方式：第一组六位选手的主题是"快速跑"，第二组六位选手的主题是"跳远"。从上课的过程来看，同一主题的六位选手，都竭尽所能地发挥自己和团队的聪明才智。每一位老师都在场地器材的安排、队形的组织、游戏的选择、重难点的突破等方面，展现出了自己对教材的深入研究，真可谓是"构想相异、精彩纷呈、创意无限"。

在第一组"快速跑"的教学中，曾帅老师用每人一张报纸作为快速跑练习的辅助器材；王翠萍老师将手铃作为原地步频练习辅助器材；李腾老师分四个小组进行不同内容的轮换练习，尤其是两人一组的扶杆互换练习；李建桥老师运用 SPARK 模式进行多种方式的快速跑练习；王晓静老师将防震演练与准备活动进行融合；王燕老师进行了分散式分组循环练习。这些都展现了六位老师的"快速跑"教学设计创意。

在第二组"跳远"的教学中，李芳老师采用学生跑动中听哨声后双脚同时落到小垫子上的练习方式，引导学生在不知不觉中学会单起双落；王梦玮老师把废旧横幅作为预摆练习的辅助器材和团队合作游戏的器材；于海老师引导学生自己摆放小垫子，并进行多种方式跳跃；吕海滨老师利用四个呼啦圈进行单起双落练习；崔晓静老师利用三个小沙袋与一块小垫子的组合设计，通过单跳双落手拍地的练习，有效解决了学生屈膝落地的难题；徐亮老师引导学生将拉力带绑到起跳腿上，让学生明确自己的起跳腿。这些创意设计和练习方式，展现了六位执教老师对"跳远"教学的深入研究。

参选老师们的创意设计，有的能够引导学生主动投入练习，帮助学生解决学习的重点或难点，而有的却未能达到预想的效果。为什么会出现这样的差别呢？这引发了我对"如何将创意设计与教材融合"的思考。我个人认为，在进行创意设计时，老师需要问自己以下两个问题：

第一，这个创意设计是否有助于学生掌握学习内容？好的创意设计，不仅能够激发学生练习的积极性，还有助于教学重点和难点的解决。好的创意具有实效性，不仅练习方式新颖，还能够引导学生主动学习。花哨而不实用的创意设计，有时会阻碍学习效果的达成。如第一组王老师在引导学生进行频率练习时，采用了头上振臂摇铃、原地快速练习的方式。我认为，头上振臂摇铃不仅对正确的摆臂动作没有促进作用，而且也不能促进学生步频的提高。因此，它属于无效的练习，建议修改或去掉。

第二，这个创意设计是否考虑到了学生的运动能力、实际生活经验？学生的运动能力，是教学设计的起点。拿"快速跑"和"跳远"这两个主题来说，五年级的学生即使老师不教，也应该是人人都会。只要设计的练习方式，能让学生在快速跑动中进行练习，能引导学生快速向上起跳，就是很好的创意。在设计练习方式时，还要考虑学生的生活经验和实际情况。如曾老师让学生将报纸按照"间隔40厘米摆好"，学生没有40厘米这个距离概念，所以，各小组摆放报纸的距离有大有小；另外，因为报纸太轻了，即使不刮风，学生从上面跑过去产生的风力也会将报纸吹跑，导致练习难以顺利进行。

新颖的练习方式、有竞争的比赛或游戏，是教师创意设计的呈现，能够使课堂教学更加有趣。选择与教材相关的比赛、游戏，用新颖的练习方式、组织形式，将一节课串联起来，需要老师的智慧和创意。只有对教学内容以及学生的需求、运动基础和年龄特点进行深入研究，教师创意设计才能高效、有趣。

准备活动出精彩

一般每一节体育课的开头都是准备活动。准备活动就是让人从安静状态逐步进入运动状态的活动，一般包括课堂教学常规活动、一般性准备活动和专门性准备活动三部分。俗话说，磨刀不误砍柴工。准备活动就是磨刀的过程。让学生认识准备活动的重要性，运动前自觉做好准备，也是培养学生健康行为的组成部分。那么，应该怎么设计吸引学生的精彩的准备活动呢？结合自己的教学实践，我总结了以下四点做法。

一、做好准备活动知识讲解

我们首先要让学生认识到准备活动的重要性。有的同学会错误地认为，准备活动是在浪费体力。有一次要进行男生1000米的课堂测试，做准备活动时，小坤同学坐在地上不做。我问他原因，他说要保存体力争取跑个好成绩。这时，我才意识到，以前的教学中，忽略了对学生关于准备活动重要性的教育。于是，我向全体学生进行解释：准备活动热身过程中，可以降低肌肉的黏滞性，能避免出现肌肉拉伤，还有助于发挥出自己的最好水平。紧接着，我给学生讲解准备活动的原则和顺序：按照从上到下，动作幅度由小到大，动作频率由慢到快，让身体的各个关节得到充分的活动。后来，每接一个新的班级或在新学期的第一课，我都会对学生进行准备活动重要性的讲解，让学生重视准备活动，让他们能够在运动前主动做好准备活动。

二、关注孩子的需求和口味

我在与学生的交流中得知，他们非常不喜欢一成不变的准备活动模式。比如，围着操场跑3圈然后再做固定的几节徒手操。他们喜欢有趣味、有新意、有变化的准备活动。于是我在每节课的准备活动中采用的是体委轮流制，即每节课有一个"固定体委"，还有一个"值日体委"，"值日体委"由其他同学轮流担任。这样的组织方式有两个好处：一是能提高所有学生的组织能力；二是即使是重复的内容，也会因为指挥的人不一样而有新鲜感。

三、做好准备活动创意设计

准备活动的作用不仅仅是热身，还需要为后面主教材的学习做好铺垫。准备活动包括热身活动、操化练习或拉伸练习、专门性练习。按照是否运用器材，准备活动可分为徒手活动（田径、健美操）和器材活动（篮球、排球、足球、跳绳）两类。

1.热身活动巧安排。不需要器材的热身活动，可以采用强度较小的慢跑，并将游戏穿插其中，来提高学生参与的积极性。如，慢跑中加入组团游戏、呼号接球游戏等。需要器材的热身活动，如球类项目的热身尽量结合球类小竞赛进行，学生在热身的同时能有更多接触球的时间，有利于提高球性，激发参与的积极性。如，篮球运球抢球比赛、足球颠球比赛等。另外，准备活动尽量选用节奏快、运动感强、积极向上的音乐，这样的音乐能够更好地吸引学生参与到活动中去。

2.操化练习有创新。我认为，准备活动的操化练习环节，可以借助徒手操或器械操的创编，来展现教师的教材研究能力和创新能力。在徒手操或器械操创编时，我们可以把这节课所学内容的技术动作分解，然后再进行创编，原则上4~6节为宜，其中要有1~2节的拉伸练习。如主教材是武术，可以用拳掌勾手型变化、弓步马步虚步歇步等步型变化进行创编。如果主教材是运用器材的学习，尽量做到物尽其用。如主教材是花样跳绳，可以进行绳操的创编；主教材是篮球，可以采用球操创编或篮球裁判手势操。操化练习创编让学生在充分活动全身关节的同时，也能够感受老师的创意，学到新东西，进一步激发学习兴趣。操化练习时，选用的音乐都是能够与操化动作节奏一致的音乐，也是对学生节奏感的培养。另外，老师在领做或喊节拍时，每节之间要衔接连贯、一气呵成，这样做不仅能够让学生学得更专注，还考验教师对课堂的驾驭能力。

3.专门性练习铺垫主教材。在教学设计中常采用两种专门性练习，一种是主教材的简化动作学习内容，动作要尽量采用节拍配合的方式进行练习。这种练习能帮助学生快速地学会主教材的技术动作，为主教材的学习做好铺垫，也降低了主教材的学习难度。如跨越式跳高，采用"1—2—跳"的练习；篮球行进间投篮的脚步动作，采用"跨—跳—投"节奏配合。另一种是主教材的基本功练习内容，为学生全面掌握这项运动做好了铺垫。如，排球的脚步移动、篮球的脚步移动、乒乓球的脚步移动等。

四、预防准备活动中的伤害

用好准备活动中的教学常规活动，是避免课中出现伤害事故的关键。在课堂教学中，经常会出现学生之间的比赛对抗、翻滚动作，有时甚至出现意外摔倒的情况。因此，在每节课的教学常规环节，一定要询问学生身上是否带有尖锐的物品。如果有学生携带了，要指导学生将这些物品拿出来放到指定的位置，下课后再取回。这样，就可以避免学生在练习中伤到自己或在对抗中伤到同伴。

"好的开端是成功的一半"，我们要让学生认识到准备活动的重要性，设计有创意的活动内容，做好运动损伤预防，做好学生健康行为的引导，让学生养成自觉做好准备活动的习惯。

今天我是 CEO

体育活动组织能力，是指学生在体育课堂和课外体育活动中，带领同伴或与同伴一起进行体育活动的能力。我校在班级管理中采用"班干部轮流制度"，但只有班长、劳动委员、学习委员、学习小组长等管理岗位实施轮流,而体育委员都是由固定的人员担任。为了弄明白"为什么体育委员岗位无法实施轮流制度"这个问题,我向学校全体学生开展了问卷调查,统计结果如下。

1.对"你曾经有担任体育委员的经历吗?"的问卷调查结果显示,82.3%的同学没有担任过体育委员。

2.对"如果你认为自己不能胜任体育委员,你认为是什么原因导致的?"的问卷调查结果进行统计,得出以下数据:

不会喊指挥口令	缺乏自信	怕同学取笑	怕老师批评
62%	18%	10%	10%

通过以上两个问题的统计,我找到了体育委员岗位无法实施轮流制度的原因,也找到了改进的方法。

一、加强"体育委员"技能培训

在班级授课制的模式下,基本上每个班都设1名体育委员,在体育课堂教学、课间操和课外活动的组织管理中,体育委员进行组织或协助老师组织管理。在这样的机制下,班级里除了体育委员有体育活动组织管理的锻炼机会,其他同学几乎都没有。因此,就出现了体育委员的组织管理能力强,而其他同学的组织管理能力很一般的现象。

所以,设置"值日体委",让每一位同学都有担任体育委员的机会,这可以提升学生的组织管理能力。为达成这种模式,在课堂教学中,老师可对全体同学进行指挥口令的培训。

二、营造"不怕出错"的课堂氛围

从问卷统计中可看出,很多学生怕出错、担心同学取笑和老师批评。于是,我提出"值日体委的表现,只讲优点,不讲不足",营造"不怕出错"的氛围,并在每一节课结束时引导同学对"值日体委"进行"亮点评价"。随着"不怕出错"氛围的创设,学生都愿意进行"值日体委"的尝试。

学生轮流担任体育委员，是提高学生体育活动组织能力的重要途径。在对校内外体育课程资源的分析中，我找到提高学生体育活动组织能力的方法：在体育课堂、大课间和社团活动中实施值日体委轮流制度，在体育课堂采用学生设计的体育游戏，在家里由学生组织亲子互动游戏。通过研究分析，我确定了培养学生体育活动组织管理能力的实践步骤。

第一步：学会指挥口令，打好岗位尝试基础

让学生掌握队列队形的指挥口令，是提高学生组织管理能力的基础。在课堂教学中，专门进行指挥口令的训练，让每个同学都能掌握，帮助学生树立岗位自信。

第二步：确定轮流方法，开展组织管理尝试

值日体委轮流方法如下：

1.每节体育课堂教学在保留固定体委的基础上，另设一名可由同学轮流担任的体育委员，即"值日体委"。

2.值日体委课前要与教师联系好，并且要负责和组织安排上课所需器材的取、还，整队集合、报告人数、队列、队形练习，以及教学内容交换时的组织工作。

3.固定体委有辅助值日体委组织的责任和义务。

通过加强指挥口令教学、营造不怕出错的课堂氛围，每位同学进行1~2次"值日体委"的尝试后，学生组织管理能力得到了提高。

第三步：利用校内资源，拓宽组织锻炼途径

结合学校体育活动的时间，进一步挖掘校内体育活动资源，促进学生组织管理能力的提高。在体育大课间、课外活动和社团活动的组织管理中，也实施值日体委轮流管理制度，增加学生组织管理能力锻炼的机会。

第四步：开展游戏设计，提高游戏组织能力

在每一节体育课中为学生留出10分钟左右的时间，"值日体委"组织全班同学一起参与到他设计或选择的游戏练习。老师会提前一周告知学生上课内容，让即将担任值日体委的同学根据上课内容和使用器材进行游戏设计。

在游戏设计时，学生可利用网络、求助老师、寻求同学帮助等方式，提前一节课把游戏设计方案交给老师，并与体育教师进一步做好可操作性的商讨，最终确定游戏方案。在上课过程中，值日体委把自己设计的游戏规则向同学解释，并组织同学一起进行练习。每节课结束时，老师和每个小组对值日体委设计的游戏进行"优点"和"需改进的内容"两方面的评价。

第五步：利用校外资源，开展亲子游戏互动

在与家长的交流中，很多家长反映孩子在家的娱乐活动就是利用手机、计算机打网络游戏，参与体育活动的时间较少。根据家长反馈学生周末很少进行体育活动的情况对学生进行调研。学生反映家长不与自己玩，再对家长进行"你与孩子一起玩过哪几种游戏？"的问卷调查。调查显示只有少数家长在家与孩子进行游戏。于是我开始让孩子掌握2～3种室内体育游戏组织方法，让其回家与家长一起进行游戏。

在课堂教学中，每周教会学生一个能够在室内进行的、参与人数不多、需用器材简单或不用器材的小游戏。如萝卜蹲游戏、地面或墙面投准游戏、推手游戏等，要求学生在家同家长或小伙伴一起进行互动练习。学生在与家长进行游戏互动过程中，提高了自己的体育活动组织管理能力。

通过实施"体委轮流制，让学生参与体育课堂、大课间活动、社团活动组织管理""校内设计体育游戏，并组织同伴一起参与""校外组织亲子互动游戏"等措施，提高学生体育活动组织能力。在体育活动组织管理能力的实践中，学生也提高了语言表达和与他人沟通的能力。

擦亮一双研究的慧眼

很多年过去了，我依然记得在临沂大学聆听孙晋海老师《初中体育科研的方法》报告时，那种醍醐灌顶的感觉。当时对我来说，孙老师的这场报告就是一场及时雨！因为我申报的"初中学生体育活动组织能力培养的探究"课题已在山东省教科所立项，但仍有太多的迷茫。从孙老师的报告中我找到了课题研究的思路和方法，同时，也找到了一名农村体育教师开展体育教学研究的方向。

静下心来，再仔细地回味这场报告，我感觉找到了今后个人发展的目标，内心拥有了更加强烈的学习动力。我在平时喜欢研究一些在教学实践中出现的问题，偶尔也会撰写一些个人的感受、想法，也曾在正规的报纸和刊物上发表过几篇文章。与周围的同行相比，我有点儿小满即成的骄傲。但听了孙老师的报告后，竟有"井底之蛙何以言大"的感觉。

有位名人曾说"世界上并不缺少美，只是缺少发现美的眼睛"。从孙老师的讲解中我知道了：原来我们身边的人（教师、学生、家长）、财（教学经费）、物（教材、场馆、器材、仪器设备、图书资料等）、时间（教师教学学时；管理者管理时间；计划制订、实施和控制）、信息（外部信息交流、情报、指令和消息；教学文档）都是值得我们去思考、研究的宝贵资源；从如何选题到如何撰写论文，孙老师独到的见解如一缕阳光，将遮在我眼前的雾霾一层层地拨开。思维的迷茫也在瞬间被驱走，心中顿时有一种豁然开朗的感觉。原来，是我缺少了发现自己身边丰富研究资源的"慧眼"。

从孙老师的讲解中得知，体育教学，尤其是在农村中学的体育教学中，还有相当大的研究空白，有太多值得研究的东西。这场报告带给了我成长的顿悟，我将从以下三个方面入手，做好学校体育的研究。

一、研究学生需求，提高学生组织能力

只有加强与学生交流，了解学生对体育项目的需求，才能促进学生运动能力的提高，做好立项课题的实效研究。在课堂教学中借助体育活动组织能力的提升，充分调动学生的学习积极性，提高课堂教学效果。

二、研究教材内容，提高学生运动能力

在尊重学生需求的基础上，确定精教内容，深入研究教材，用有趣的设计，提高学生参与体育活动的积极性，掌握自己喜欢的1~2项运动技能。

三、研究体育管理，提高品牌创建能力

以体育品牌创建为引领，结合学校传统优势项目，做好课堂教学、大课间活动、课外活动、体育社团、校外体育活动管理的研究，形成学校特

色体育品牌。

结合学校实际,运用学到的研究方法,将教材、学生、老师、时间、投入、文件等身边这些丰厚资源进行深入的研究,不断提高自己的科研能力,提高自己的教学水平,沿着自己编织的体育梦想之路,当好课堂教学的组织者、学校体育的研究者。

成功体验,巩固习惯

多年前,在参加淄博市体育教师培训时,老师们交流最多的一个话题是"如何提高学生对体育的兴趣"。在积极思考寻找这个问题答案的同时,另一个问题突然出现在了我的脑海里,"我们体育教学的最终目标定在哪里?"对于这两个问题我进行了深入的思考,有一些感悟,现与大家一起分享。

老师的教学目标定位,会影响教学内容的选择,会决定课堂教学的走向,会影响学生对体育价值的认知和学生的体育习惯。作为一名体育老师,如果把体育教学的目标定位为"为了学生体质健康",那么就会出现课堂教学中只面对中考的测试项目加强学生身体素质练习的情况。最后的结局是,学生的身体素质提高了,对体育课的兴趣却没了。如果目标定位是"运动技术的教学",很多老师会担心学生中考的满分率会降低,于是不敢放手。结果是,学生在九年的体育课上,仅仅是身体素质得到了提高,各类运动技术都没精通,而且对运动逐渐失去了原有的热情。

我个人认为,以"让学生在体育学习中获得快乐"为体育教学的目标,应该比较符合"目标统领教材理念",这样做既能让学生保持对体育课的兴趣、培养学生良好的体育习惯,又能把终身体育的理念落实到教学实践中。如果学生有自己真心喜欢的体育项目,他将会不遗余力地去参与,甚至敢于跟父母及文化课老师进行勇敢的"对抗"。在学生全情投入的练习中,学生的身体素质也会得到较大幅度的提高,那么中考项目对他们来说是小菜一碟。

快乐至上,是每个人心中最真实的心理需求。如果在我们的体育课堂教学中让学生体验到某项运动的乐趣,找到成功的感觉,这将会成为学生终身参与这项运动的动力源泉。然而,在现实中,有很多体育老师缺少创新意识，在课堂教学中一味固守竞技规则，结果让大多数的学生成为运动技术学习中的失败者，也就导致学生对这项运动失去了兴趣。例如，在排球的发球教学中，如果让学生一开始就站到标准排球场地外面，利用标准的网高练习发球，一节课下来估计只有不到一半的学生能有发球成功的体验。当学生没有了成功的体验，他们对体育的兴趣就会降低，甚至会产生恐惧、抵触和反感心理。如果改变发球练习的方式，即使网高不变，一节课练下来也会有不同的效果。让学生先从3米线开始练习发球，相信多数甚至是所有的学生都会有成功的感受。然后成功发球过网的同学向后退一步再进行练习。这样练到最后，几乎每个学生都能从端线将球发到对面的场地上。同理，如果开始把网的高度先降低，最后再升到正常的网高，相信学生的积极性会更高。因此，通过改变竞技场地和器材来降低学习难度，更容易让学生感受到运动的成功，找到自信，感受到体育的乐趣，这是培养学生体育锻炼习惯的基础。并且，难度逐步上升的学习，也能激发学生敢于挑战的勇气、追求进步的动力。

"给予孩子什么，能让他们更好地适应未来的社会？"试想一下，十几年乃至二三十年后，我们现在所教的学生会有多少人能有"每周锻炼五次以上"的习惯？对于这个问题的思考，将会影响我们对体育教学目标的选择。通过教学组织形式的改变，借助体育选项教学，尊重学生运动需求，既能让学生在体育学习中体验到成功，又能激发学生对体育的兴趣，还能够提高学生的运动技能。

学以致用，让学生学会有用的、喜欢的、能锻炼身体的运动技术是体育教学的目标。学生参与任何一项体育活动，身体素质都会得到一定程度的提高。如果学生缺少成功体验，那"让学生保持对体育的兴趣，养成良好的体育锻炼习惯"将成为一句空话！

第五章　健康知识：妙招巧落实

健康知识与技能的掌握和运用，是指学生在生活中运用健康知识的情况，是健康行为的重要内容。健康生活习惯的形成，离不开健康知识的学习。作为一名乡村体育教师，我把引导学生参与健康知识的学习，当作一项重要的教学任务。我在室外体育课堂教学中，运用谜语激发学生的积极性，利用恰当的时机穿插健康知识的学习，指导学生运动前做好准备活动，学会正确的拉伸方式；利用室内健康教育教学，指导学生吃好早餐，教会学生运动损伤应急处理措施，掌握有效健身的要素，增强学生健康意识。

健康知识巧落实

健康知识，是体育与健康课程的重要内容，是体育课堂教学的一部分，也是促进初中学生体育学科核心素养提升的基础。怎样将健康知识的学习与技能学习、体能练习进行有机的融合？结合我个人的教学实践，将其梳理为六条实践路径，分条述之。

一、分类梳理健康知识内容

健康知识要学习的内容比较多，我把学生需要学习的健康知识进行归类：

1.身体各部位名称：关节、肌肉、骨骼，让学生了解自己的身体构造。

2.健身基本知识：准备活动的重要性、放松活动的重要性、拉伸动作的注意事项、体育锻炼对身体机能的影响、极点现象、运动损伤的应急处理等，让学生了解健身的知识。

3.各种比赛规则：田径、篮球、足球、排球、乒乓球等项目的比赛规则，让学生了解体育项目的比赛规则。

4.各体育项目的明星：每个项目的奥运冠军、优秀运动员等，引导学生积极参与学习。

5.健康生活常识：喝水的常识、吃饭的常识、睡眠的常识、近视预防知识、疫情防控知识、常见病和传染病知识等。

6.体育锻炼常识：体质健康达标项目（测试方法、要求、标准）、课外体育锻炼（练什么、怎么练）等，引导学生养成体育锻炼习惯。

7.心理健康知识：罗森塔尔效应、棉花糖实验、情绪宣泄的方式、体育锻炼消除不良情绪的原理等，引导学生重视心理健康。

8.各种体育游戏：能在家庭中开展的小游戏，能够与同伴进行的游戏或比赛等。

二、做好健康知识授课规划

教师组织学生进行健康知识学习，需要结合学校和教学的实际，做好整体的授课规划。我把健康知识的教学分为两类：一类是适合在室外体育教学中穿插的内容，如身体部位知识、各种体育明星、健身的基本知识、体育锻炼常识等；另一类是适合在室内进行健康教育课讲解的内容，如运动损伤的处理、健康生活常识等。在室外体育教学中，根据课堂教学内容和教学主题，穿插相关的健康知识，能够提高体育教学的效果。对于需要在室内讲解的知识，要提前做好备课，当无法进行室外课堂教学时，立即组织室内健康知识的教学。

三、找准健康知识穿插时机

我尽可能地把健康知识穿插到室外课堂教学之中。室外课堂教学中可以穿插健康知识的时机，包括课堂导入、准备活动、课堂休息等。1.用体育明星做好课堂导入。2.准备活动中穿插身体各部位名称介绍。针对本课技术学习用到的主要身体部位，在准备活动时，介绍关节、肌肉、骨骼的名称，引导学生了解自己身体的部位。3.两次练习之间穿插健康知识讲解。如，在耐久跑练习中间休息时，把"极点"现象相关知识讲给学生；在练习中间休息时，老师也可以将心理健康知识教给学生。

四、引导健康知识课外学习

多数健康知识都可以由学生在课外通过网络自主学习来完成。教师要把学生能在课外自主学习的健康知识做好规划。以课外作业的形式，引导学生通过网络进行相关健康知识的课外自主学习，把自己学到的健康知识或学习中遇到的问题在课堂上与同学交流分享。如，健康生活常识中喝水的常识、吃饭的常识、睡眠的常识、近视预防的知识、疫情防控的知识、七步洗手法、心理健康知识等，都可以由学生课外自主学习来完成。另外，每个体育项目的比赛规则，可以引导学生通过观看相关比赛或网络查询来进行课外自主学习。如在篮球课后，布置学生观看一场篮球比赛。学生针对比赛中不明白的问题，课后向老师寻求帮助。借助课外健康知识学习，增加学生健康知识容量，让学生学会获取健康知识的正确方法。

五、做好健康知识节日活动

与学校德育处配合，联合卫生部门，开展健康知识节日主题学习活动。如，5月25日是心理健康日，开展心理健康知识学习活动；5月31日是世界无烟日，开展拒吸第一支烟活动；6月6日是爱眼日，开展近视预防知识的学习；9月20日是爱牙日，开展牙齿保护的知识学习；12月1日是艾滋病宣传日，开展艾滋病知识的学习；等等。学生在各种健康主题节日的学习中，增强了健康意识。

六、做好疫情防控知识学习

自2020年起，疫情防控的相关知识，成为每个人必须要学习的健康知识内容。为做好新型冠状病毒的预防工作，在每学期开学前组织学生进行疫情防控知识的学习是非常有必要的。如做好每天体温检测、保持1米以上距离、通风消毒、擦拭消毒、规范佩戴口罩、七步洗手法等，增强学生健康意识，提高疫情防控能力。

学生在健康知识的学习中，学到锻炼身体所必须知晓的原理、知识，学到关于健身、安全和救护的知识和技能，这些都可以促进学生的健康成长。

同学，你吃好早餐了吗？

周一上午第二节课后，是我校升旗仪式的时间。有一次，我正在认真听学生的演讲，突然初三（1）班的小明同学跑过来，急切地说："老师，小轩晕倒了！"我赶紧跑过去，看到脸色发白的小轩被边上的两名同学扶着，有气无力的样子让人心疼。我马上让扶着他的两名同学，把他架到我的车上，让他平躺下来。一边帮助他做腿部屈伸动作，一边问他："小轩，你早上吃的什么饭？"他说："我爸妈早上出去干活很早，没吃饭。"我说："不吃饭怎么行呢？你可能血糖有点儿低。"我记起车上放着前几天同事结婚分发的喜糖，于是快速找到糖盒，拿出一块，剥开糖纸，放到他嘴里。"先吃块糖，一会儿就没事了！"不一会儿，他就慢慢地坐了起来，说："老师我没事了。"我建议道："你先坐一会儿，老师给你找点儿吃的，你吃完了再走吧。"他点点头。

我记得妻子今天去买早饭时多买了两个鸡蛋，赶紧打电话让她送了过来。等小轩吃完鸡蛋后，我跟他交流了一会儿。原来他父母早上三点就去大棚摘菜，走得很早，来不及给他做饭。我问另外两位同学："你们早上吃饭吗？"一个同学说喝了一点儿粥，另一个同学说吃了半块馒头。我说："你们正是长身体的时候，早饭吃这么少，营养肯定跟不上。"这时，升旗仪式结束了，班级的其他同学也都围了过来，询问怎么回事。我说："早上没吃饭，低血糖了。你们早上吃饭了吗？"有的同学说，早上不愿意吃、没有胃口，基本上不吃；有的说吃得很少，只有少数的同学认真吃了早饭。

这时，我意识到，学生缺乏健康饮食知识，不重视早餐。于是，我在所教的六个班级调查了一下吃早餐的情况，结果只有不到三分之一的学生能够按时吃早饭。这样的饮食习惯，绝对不利于孩子们的身体健康。俗话说,皇帝的早餐、大臣的午餐、乞丐的晚餐,说的就是早餐的重要性。记得在一次外出学习时,老师讲过,营养丰富的早餐是:一颗鸡蛋、一杯牛奶、一点儿面食、三五种蔬菜。如果早餐达不到营养丰富的标准,至少要吃一颗鸡蛋。

为了让学生吃好早饭,养成健康的饮食习惯,我联合学校德育处,通过四种途径,开展了健康饮食和早餐推广行动:

1.举行一次"健康饮食从吃好早饭做起"全校的国旗下讲话,让学生认识到吃早餐的重要性;

2.邀请校外健康专家到校为学生做一场"健康饮食"知识讲座,让学生知道早餐吃什么最合适;

3.在班级召开一次"我的早饭我做主"健康饮食主题班会,让学生结合自己的实际情况谈谈怎样吃好早饭;

4.举办"饮食健康"主题的家长培训,让家长认识到给孩子准备好早饭的重要性。

通过家校社合作,家长知道了什么样的早餐有营养,如何为孩子准备有营养的早餐,学生明白了健康饮食的重要性。一段时间后,我对学生、家长进行问卷调查,调查结果显示,学生都能够按时吃好早饭。每周一举行的升旗仪式上,也没有再出现学生因低血糖而晕倒的现象。但是鉴于以前出现的意外情况,每次的周一升旗仪式上,我都会带几块糖,以便应对学生出现的突发状况。

手指受伤后的行动

一次,在给初一学生上篮球传接球的课时,小雨突然跑了过来说:"老师,小冰的手指断了!"我赶紧跑过去,看到用左手托着右手正在大哭的小冰。我问她:"小冰,你的手哪里受伤了?"她说:"我的手指被球砸断了,很疼!"我看了一下她的手指,发现她右手小拇指的第二指节错位了,于是马上安慰她说:"小冰,伤着一定会疼,但手指关节结构比较简单,不会出现大问题。"我帮助小冰将手指向外一拉,把关节复位。在我的安抚下，她渐渐停止哭泣。一问才知道，原来是她们两人练习传球，小雨给小冰传球，小冰没接好，结果碰到手指了。

这时，旁边的小伟同学拿着一贴止疼膏过来说："老师，我拿着止痛膏，给她贴上就没事了。"我说："小伟，你的心意很好，但是现在不行。受伤后要先进行冷敷，不能贴膏药。"于是，我让小雨陪着小冰先去超市买上两包冰块把手指冷敷30分钟，再去卫生室看一下。下课后，我给小冰爸爸打电话，告诉他小冰手指受伤的情况，并嘱咐他晚上孩子回家后再进行一次冷敷，先不要贴膏药。第二天上午课间操，小冰找到我说，手指仍稍微有点儿肿，但已经不是很疼了。我告诉她，今天回家再进行冷敷，明天再贴上膏药，过几天就没事了。回顾这件事的经历：小冰当时大哭，受伤疼痛是一个方面，更重要的是她缺乏手指关节知识，产生了恐惧心理。另外，小伟同学虽然想助人，但受伤后立即贴止痛膏的方式是不正确的。可见学生对于运动损伤后的处理缺乏正确的认识，需要给他们普及一下运动损伤后正确的处理方法。因此，我制订了运动损伤预防和应急处理教育的工作措施。

一、备课时，做好安全隐患排查

俗话说，安全要防患于未然。体育教学中每一项教学内容，都可能存在安全隐患。这就需要老师在备课时，认真研究教材、研究要使用的场地和器材，做好安全隐患排查。根据教学内容、场地、器材考虑如何做好保护与帮助，预防伤害事故的发生。如，篮球练习时，可能会出现手指受伤、崴脚的情况；长跑练习时，起跑时可能会出现因拥挤而摔倒的情况；足球练习时，可能会存在抢球时碰撞的情况；等等。我们可以通过练习前的提醒、规则的讲解，合理安排运动负荷，做好安全隐患的预防。

二、上课时，做好充分准备活动

预防运动损伤，做好准备活动是关键。在每节课的准备活动中，要做到三点：一是组织学生充分地活动各个关节；二是对这节课用到的主要关节进行拉伸；三是对所学的技术动作进行模仿强化练习，避免运动损伤出现。另外，在每节课的准备活动中，教师可以穿插讲解身体各部位的关节名称、结构、功能、常见损伤以及损伤预防的健康知识。通过健康知识的学习，学生了解了自己的身体构造，更加积极地参与准备活动，运动损伤出现的概率也降低了。

三、损伤后，采用正确处理措施

运动损伤，在体育活动中是不可避免的。因此，对学生进行"运动损伤后正确的处理措施"指导是非常有必要的。学生只有学会了损伤的正确处理措施，才能在遇到损伤时不慌张、不惧怕，才能用最好的方法积极应对。

体育活动中常见的运动损伤有以下三类：

1.非创伤性运动疾病。（1）抽筋：通过反向牵拉缓解；（2）运动中腹痛：通过调整呼吸节奏、按压疼痛部位缓解；（3）重力性休克：通过抬高腿部，并进行腿部屈伸运动缓解。

2.常见运动损伤。（1）关节扭伤（手指、踝关节、膝关节）：停止运动、先冷敷、抬高部位、送医就诊；（2）肌肉拉伤：先冷敷、加压包扎、抬高受伤部位，然后送医治疗；（3）骨折（小臂、锁骨、小腿）：先固定，再送医治疗。

3.出血运动损伤。（1）擦伤：用清水或双氧水清理创面，酒精消毒，涂碘伏；（2）鼻出血：手指压住鼻翼4~8分钟，然后用冷水清洗鼻腔。

四、邀请校外专业人士到校培训

学校邀请校外专业人士，到校为学生做有关海姆立克急救法、溺水急救知识、运动损伤的预防和应急处置方法等的专题讲座。通过多种方式的学习，学生了解了急救常识、预防运动损伤知识和应急处理措施，做到了遇到意外损伤不恐慌，处理措施不盲目。

总而言之，作为体育教师一定要研究好教材，合理设计运动负荷，做好安全隐患排查和预防；引领学生做好准备活动，尽量降低运动损伤出现的概率；教会学生运动损伤应急处理措施。

有效健身三要素

拥有健康的身体和心理是每个人心中最真实的渴望。初中阶段，正是学生力量、耐力、速度、协调性、灵敏性等身体素质快速增长的阶段，也是心肺功能快速增强的时期。心肺功能需要借助有效的体育锻炼对呼吸、血液循环系统进行足够的刺激，只有这样才能达到提高的效果。有效的体育锻炼，能够为学生将来拥有强健的体魄、健康的身体打下良好基础。

健康的身体需要经常参与体育锻炼，同时，锻炼的过程也会消除不良情绪，从而促进心理的健康。因此，体育锻炼对促进一个人的身体和心理健康都有非常重要的价值和意义。体育锻炼的内容和方式非常多，如跑步、健步走、跳绳、瑜伽练习、打篮球、踢足球、打排球、骑自行车、跳舞、打乒乓球、打羽毛球、打网球等，我们可以选择自己喜欢的内容和方式参与体育锻炼。每次的锻炼要达到有效健身的效果，需要具备以下几个要素。

一、练习时长要达标

体育锻炼的形式有两种：有氧练习、"有氧+无氧"的组合练习，无论是体育教学还是课外的自主锻炼，都可以选择其中的一种形式进行。每次的锻炼要做好热身活动、主要内容、放松活动三部分的设计，整个过程要达到 30 分钟以上，才能达到有效健身的目的。

二、练习强度要达标

体育锻炼需要足够的运动强度才能有效。对于初中学生而言，体育锻炼的有效价值区间，可以通过心率来表述，心率在 120～180 次/分钟为有效价值区，心率低于 120 次/分钟的锻炼是无效的锻炼。另外，也可以根据学生运动时心率来划分运动强度的大小，小强度为 120～140 次/分钟，中强度为 141～160 次/分钟，大强度为 161～180 次/分钟。

运动强度和练习量的搭配按照"小强度＋大量""中强度＋中量""大强度＋小量"的组合模式。学生根据自己的锻炼需要选择合适的组合进行练习。

三、每周次数要达标

每周的练习次数也是有效健身练习中必须要考虑的因素。作为初中学生，每周练习次数达到 5 次以上，才能让自己的体育锻炼达到理想的效果。如果每周的练习次数太少，锻炼的效果就得不到保障，很难达到有效健身的目标。每周 5 次以上的练习，有助于培养学生良好体育锻炼习惯和健康生活习惯。

四、健身的注意事项

（一）做好热身活动

每次进行锻炼之前的热身，是必不可少的环节。需要根据选择的锻炼内容，在充分活动身体各关节的基础上，针对练习中使用的重点关节加强拉伸，避免运动损伤，提高锻炼效果。

（二）锻炼时间合理

饭后立即进行锻炼会导致肠胃不舒服，不利于消化。因此饭后 1~2 小时再进行体育锻炼是比较适宜的。另外，空腹运动会导致血液中的游离脂肪酸明显增高，脂肪酸分解代谢过量就会产生损害心肌的毒素，引发心律失常甚至导致猝死。因此，合理地安排体育锻炼的时间是非常重要的。

（三）科学饮水

科学饮水对于恢复体能、提高运动能力和保障身体健康具有积极作用。人在运动时，会消耗大量水分，不及时补充，会影响人体正常的生理机制和运动表现。但是运动前后暴饮、急饮都是不可取的。建议运动前 2 小时饮水不超过 500ml，前 15 分钟分 2~3 次饮水总量不超过 300ml，饮用大量的水容易导致腹部不适；运动中可以多次、少量饮水，每 15~20 分钟饮水 50~100ml，但每小时的饮水总量不超过 600ml；运动后采用少量多次的方式饮用温开水或淡盐水 800~1000ml。饮水时，尽量喝温开水，不要喝冰水和碳酸饮料。

（四）做好放松活动

放松活动是保证锻炼效果的重要一环，需要高度重视每一次的放松活动。训练结束后，可以通过慢跑、拉伸、按摩等方式进行放松。尤其是针对练习中使用的大肌肉群、小肌肉群进行充分的拉伸，避免因拉伸不到位而导致的肌肉僵化缺少弹性。

总之，体育锻炼要达到有效的健身效果，需要每次练习时长达标、练习强度达标、每周练习次数达标。在参与有效健身的同时，引导学生强化自己的健康行为，也能促进学生体育核心素养的提升。

柔韧拉伸有妙招

初中阶段是学生柔韧性快速增长的阶段。柔韧性是通过拉伸身体的各个关节来提高的，包括膝关节、髋关节、背部、肩部关节。比如，在学生体质健康测试中，坐位体前屈常用来检测柔韧性。正确的拉伸练习，可以让自己的四肢更加颀长，身体更加协调。柔韧拉伸练习是让学生体验挑战自我极限、挖掘个人潜能的有效途径。各种柔韧拉伸练习，需要老师对学生进行专业指导，以提高练习效果和避免运动损伤。

作为一名体育老师，在课堂教学中要指导学生做好柔韧拉伸，需要完成三项任务：一是在课堂教学中运用好拉伸的时机，引导学生挑战自我；二是引导学生主动参与拉伸，让其更好地提高自己的柔韧性；三是教会学生拉伸的原则和注意事项，避免关节损伤和运动拉伤。

一、准备活动的拉伸

老师首先要明确拉伸的时机，并对学生做好拉伸时机的指导。柔韧拉伸练习需要放在热身活动结束后，不要在开始上课时就进行。在慢跑以及身体各关节进行充分活动后，进行拉伸练习效果才会更好。柔韧拉伸尽量让学生自己进行，可采用站立式、俯撑式、瑜伽体式、坐式等。根据拉伸部位不同，可采用两种方式：

1.用语言引导练习。如针对下肢后侧的拉伸练习,老师用语言提示学生,向外呼气时加大动作幅度,引导学生超越自己的极限,达到最大极限时,停留8~10秒。

2.用节拍引导练习。针对某个关节、肌肉群的拉伸可采用节拍引导来完成。如,投篮练习前腕关节的拉伸;大腿前侧肌肉拉伸。

拉伸前,要先指导学生保持正确的身体姿势。要让学生明白,正确的姿势比大的幅度要重要。拉伸结束时,让学生仔细体验拉伸后的舒适感,这样更容易引导学生参与到挑战自己极限的拉伸练习中。

二、练习中间的拉伸

课堂教学中,可以利用两次练习之间的休息时间,引导学生进行拉伸练习。这样,不仅能够缓解疲劳、促进恢复,还能够提高练习效果。如,在速度耐力的练习中,安排300米计时跑三个,两个300米跑的中间可以安排柔韧拉伸练习。采用的拉伸方式可以是单人拉伸,也可采用两人或三人一组的辅助拉伸。拉伸的姿势,可以是坐姿,也可以是平躺姿势。另外,应该让学生知道,对痉挛肌肉的反向拉伸是解决肌肉痉挛最有效的方式。

三、课堂结束时拉伸

拉伸练习是进行身体放松的最好方式。每节课的放松环节,是进行柔韧拉伸的最好时机。学生经过一节课的练习后,身体各个部位的关节、肌肉已经得到了充分活动,此时进行拉伸练习效果最好。可以采用的拉伸方式有瑜伽体式拉伸、坐式拉伸、站立式拉伸,建议采用瑜伽体式拉伸。教师用语言引导学生进行拉伸练习,到达最大极限时,坚持做5~8次呼吸后再收回。

四、拉伸的注意事项

(一)循序渐进,量力而行

每次拉伸练习前,首先要进行热身,并按照循序渐进的原则进行练习，动作幅度由小到大、难度由低到高。练习要避免出现一味追求速度快、幅度大。尤其是两人或三人一组的辅助拉伸练习，要考虑到练习者的能力极限。

(二) 挑战极限，培养专注

柔韧拉伸练习是学生对自己极限的一种挑战，也是教育学生勇于挑战极限、挖掘自身潜力的有效途径。尤其是到达自己极限时的坚持，是对学生意志力、专注力、忍耐力培养的最佳时机。通过拉伸练习，锻炼学生不怕苦、不怕累、不怕疼的好品质。

(三) 姿势正确，长期坚持

柔韧拉伸练习，需要做到动作姿势正确，才能有良好的效果，避免拉伤情形的出现。柔韧性的提升是一个缓慢的过程，不可操之过急。因此，柔韧拉伸练习需要每节课安排练习，并且要长期坚持。

柔韧拉伸练习不仅是提高柔韧素质的练习手段，也是培养学生挑战自我的练习方式，更是培育学生健康行为的重要内容。

谜语妙用富内涵

谜语是我们中华民族的优秀文化结晶，有着丰富的文化内涵。猜谜语是孩子们都非常喜欢参与的智力活动。多年来，我把谜语竞猜用到体育课堂教学中，取得了比较好的效果。

一、穿插"谜语"的具体时机

谜语可以在课堂导入、课中休息、课程结束、课后作业布置时使用。谜语有非常多的类型，需要根据课堂教学环节任务选择可使用的谜语。

1.课堂导入聚精神。在课堂导入环节采用"猜谜语"的形式。学生参与猜谜语的过程是集中注意力的过程，可为后面的学习创设氛围。另外，在谜语的选择上，尽量选用与本课内容相关的谜语。如，学习内容是脚背正面踢球，采用的谜语是"马娘娘离宫——答一足球专用术语"，谜底是"大脚开出"。当谜底揭晓的时候，就把学生引到本课学习的内容上了，学生的学习积极性也会更高。也可将与本课学习内容有关的体育项目名称、体育明星作为谜底。如谜面是"九大行星成一线",谜底是"排球";谜面是"23点59分订外卖",谜底是"姚明"。

2.课中休息活气氛。在两次练习的间隙,学生休息的时候,可以穿插猜谜语来活跃课堂气氛。尤其是强度较大的两次练习之间,如速度耐力练习,采用600米计时跑两次,两次练习之间的休息时间相对长一些。这时可供选择的谜语范围比较广,可以使用关于体育项目名称、体育明星类的谜语,也可以是其他类的谜语。这一环节,可以采用每节课安排1~2名同学为大家出谜面,其他同学参与竞猜的方式。谜语竞猜活动,不仅让学生得以放松,也活跃课堂气氛、激发了学生的活力。

3.课程结束舒心情。在课程结束部分,可以采用让学生轮流给大家出谜语,其他学生竞猜的方式。这一环节,可以选择比较简单、容易引起学生发笑的谜语,如"脑筋急转弯"类的谜语。当谜底揭开的同时,同学们会开怀大笑,对于放松学生的身心有着非常好的作用。

4.课后作业拓内涵。在每一节课结束时,安排1~2名同学准备好下节课要使用的两个谜语,一个在课中休息时使用、一个在课程结束时使用。学生在课外会通过书籍查阅或网络搜索来进行谜语的选择和准备。谜语准备的过程,能够拓宽学生课外阅读的容量和知识面。

二、运用谜语的好处

(一)搭建同学之间的合作平台

在课堂教学中,学生进行谜语竞猜时,可以通过小组合作、小组讨论的方式进行。学生在参与竞猜的同时,就自然地与同学进行了交流、合作。

(二)引导学生参与拓展知识面

为了让学生深度参与竞猜活动,老师可以安排学生按照顺序轮流为同学们出谜面,并提前做好提醒。学生为了给全班同学出个好的谜语,就会在课外时间进行谜语的搜集,在搜集的过程中,他们就会去翻阅书籍或者通过网络进行查询。这样,就扩大了学生的阅读量,拓宽了学生的知识面。

（三）促进师生关系更加融洽

我与同学的关系一直是比较好的。在课下经常会有学生跑过来对我说："老师，我给你出个谜语，你猜一猜吧。"不管我能不能说出谜底，我们师生都会快乐地笑起来，在师生的互动中也进一步融洽了师生关系。

（四）拓宽教师课外阅读知识面

有时谜语太难了，难免会出现老师也猜不出的局面。这时，我就会对他们说："这个太难了，老师猜不出来，你能告诉老师谜底吗？""让老师再想一想，下次上课的时候再告诉你，好吗？"为了避免出现学生给我出的谜语猜不出来的局面，同时，也为了准备与每一节课的学习内容相关的谜语，课外时间我就经常给自己充电，多读一些书，不断地进行知识的学习，拓宽自己的知识面。经过一段时间的坚持，我也养成了主动学习的习惯。

谜语在课堂上的使用，扩大了课堂教学的知识内涵，提高了学生课堂学习的积极性，融洽了师生关系，有助于对学生健康行为的引导。

第六章　情绪调控：幸福与梦想

做好情绪调控、保持良好心态是实现个人梦想和幸福生活的必备条件。学生在参与体育学习、活动、比赛、欣赏、练习中都会产生许多情绪，如胜利后的喜悦、失败后的沮丧、成功后的自信、学习中的感动、团队协作的收获等，这些都是教师引导学生提高情绪调控能力的资源。同时，运动是消除不良情绪最有效的方式。作为一名乡村体育教师，我将心理健康知识穿插到体育课堂教学中；做好健康教育教学，引导学生学会情绪调控的方法；借助师生之间的情感事件，做好情绪管理的引导；用好国旗下讲话契机和课堂教学，做好幸福和梦想的解读。

情绪宣泄有方法

在我们的日常生活中，情绪是我们的终身伴侣，它有四种外在的基本表现形式：喜、怒、哀、乐。每个人都是用出生时的第一声啼哭，开始了与这个世界的联系。那么，情绪到底是一种什么样的存在呢？

情绪是指伴随着认知和意识过程产生的对外界事物的态度体验，是人脑对客观外界事物与主体需求之间关系的反应，是以个体需要为中介的一种心理活动。既然情绪是一种心理活动，那一定就会有规律可循。每个人成长过程中需要经历三次情绪爆发期：11~12岁，第一次情绪爆发期；17~18岁，第二次情绪爆发期；25~26岁，第三次情绪爆发期。情绪爆发期的表现是容易发脾气、易激动，如顶嘴、不听话等。

那么，情绪爆发期到底是怎样产生的呢？我们每个人都可能会有与父母、朋友、同事产生矛盾的情况。大家仔细地回忆一下当时自己的感受：是不是有一种膨胀的感觉，如同一个充满气的气球，有种想要爆炸的感觉？为什么会产生这种膨胀的感觉呢？这就要从情绪的本质说起：情绪是一种能量，能量的第一定律是守恒。用个形象的比喻来说明一下：每个人体内的能量分为两部分，一部分负责供应身体正常代谢，一部分负责控制情绪管理，这两部分一般处于一种平衡的状态。情绪爆发期的这三个年龄段身体快速增长，身体的快速增长需要的能量要比正常代谢时多很多。而身体内的能量总量是不变的，当供应身体代谢的能量多了，那么负责控制情绪管理的能量就少了，这时就出现了管理不住情绪的情况，容易出现情绪的爆发。

当我们出现了情绪（生气、烦躁、焦虑等）时，最好的方法就是用正确的方式进行发泄，而不是忍耐。当我们的情绪得不到正确的宣泄时，就会出现过激行为，如吵架、打架、破坏东西等。为了避免自己出现过激行为，就需要学会情绪宣泄。现介绍三种情绪宣泄的方法。

第一种，把自己的情绪转化为动能。运动是治愈情绪的良药。我们可以尝试一下，用力握紧双拳坚持30秒钟。当双手松开的时候，就会感觉非常的轻松，这就是一种能量转移的体验。因此，当感觉自己情绪非常激动时，可以通过快速跑、打篮球、踢足球、较长距离的慢跑、高声呐喊、撕报纸等方式，进行情绪能量的转移和宣泄。另外，在能量转移过程中，我们的肢体是在运动的，运动会让大脑杏仁核中多巴胺的分泌增加，缓解自己激动的情绪。

第二种，进行积极的自我心理暗示。当感觉到自己非常紧张的时候，比如，要进入一个非常正式的场合，要上台讲话，要会见比较重要的人，要向他人郑重地介绍自己，等等。这时，我们需要对自己进行自我暗示：紧张是正常的，我要放松，并且暗示的节奏要越来越缓慢，至少要做到6次以上。当感到自己非常焦虑时，要分析一下是什么原因导致的，解决了问题也就松弛了情绪；如果不能解决，可以暗示自己：放松、放松，没什么大不了的，迈不过去的绊脚石绕过去就行了。

第三种，做深呼吸缓解紧张的情绪。做深呼吸时，无论是吸气还是呼气,都要把注意力放在体会鼻腔与空气摩擦的感觉上,用力吸气、呼气,并且要持续 8 次以上。

我始终相信,只要通过正确的方法宣泄身处特殊情境中的不良情绪,就能让每个人内心深处蕴藏的积极、向上、向善的优秀品质得以外显。

当下与梦想的力量
——周一升旗时国旗下的讲话

每个人的人生如同一只透明的空瓶子。人生其实本来是没有意义的,当一个人把自己追求的东西放入这只空瓶子后,他的人生便有自己独特的意义。而被放入其中的东西,我们就称之为梦想。梦想是一个人对未来的期盼和渴望,也是成长的内在动力源泉。梦想的实现需要比较长的一段时间,需要我们利用每个"当下"来积聚成长的力量。

"活在当下"是我们经常听人说的一句话。那什么是当下呢?下面我们来一起感受一下当下。请闭上眼睛,放慢你的呼吸,感受呼气和吸气的动作,感受空气经过鼻腔进入你的身体,为你提供新鲜的氧气,让它在你体内停留片刻,再把废气呼出去。刚才的体验,就是"活在当下"的一种感觉!当下的体验是内心的平静,当下的体验是感觉的美好,当下的体验是精神的专注,当下的体验是力量的汇聚。因为只有这样的时刻,你才能够真正和自己在一起。

在一个非常嘈杂、喧闹的环境中,我们很难体会到当下。外部的安静更有利于我们内心的平静,内心的平静更有利于自己对梦想的追求。经常去感受内心的平静,就是为自己的梦想积聚当下的力量。这也是我们倡导要保持学习区安静的原因。保持学习区的安静能够为我们营造出安静的外部环境,更有利于我们去体验内心的平静;保持学习的安静就如同我们生活中的一条小小规则,需要每一位同学把这一习惯内化为日常的行为自觉。

活在当下的感觉是美好的。因为当下的感觉只有自己和自己的内心在一起。没有他人的评价和批判，拥有的只是自己与自己内心的和平相处。因此，我们可以尽情享受当下的美好。

活在当下的感觉是专注的。正如魏书生老师所说，"我们每个人都为自己的专注力打工"。当下的体验需要精神的专注，在刚才当下体验的过程中我们的注意力是高度集中的。因此，可以通过加强自己的专注力训练来积聚当下的力量，也为自己梦想的实现积聚力量。我们可以采用1分钟注意力练习、5分钟快速阅读等方式，来进行专注力的训练。当下的体验内容非常多，专注地学习、专注地听讲、专注地阅读、专注地游戏等全身心投入的行动，都是对"活在当下"美好体验的诠释。

作为未成年的学生，内心深处都非常渴望得到来自父母、老师、同学的肯定、鼓励和赞美。因为这些来自他人的肯定、鼓励和赞美的话语能够让我们体会到"被爱、内心的喜悦、别人对我们的接纳"的感觉。有很多时候，我们无法感受到别人对我们的关爱、肯定和接纳，而是感受到来自他人的评判、批评甚至是指责。这些强加到你身上的评判、批评和指责，还被披上了"我是为你好"的华丽外衣。这些负向的评判、批评和指责，有时会令我们思维错乱、大脑缺氧、呼吸节奏加快，我们感觉体内的氧气不够用，无法感受内心的平静和当下的美好。这时，我们需要放慢自己的呼吸，去寻找内心的平静和安宁，放下对他人的反击。

"活在当下"，就是对自己的调控，调整自己的注意力远离他人的评判、批评和指责，调整内心的失衡，帮助自己完成自己与内心的联络，找到内心的平静、美好。寻找活在当下的体验，营造安静的外部环境，加强自己注意力的训练，用每个美好的"当下"为自己的梦想积聚力量！

女篮社团，是否需要说再见

如火的6月，也是离别的时刻，在盘点收获的同时总会或多或少揉进一些离别的情感。今年又有五名初四女篮队员将离开她们为之奋斗的团队和培育她们四年成长的校园。看到她们五人都已拿到了高中的录取通知书,即将走进她们梦想的更高层次的学校,我真心祝愿她们在新的学校里拥有更大的进步,并更快地成长,更希望她们在三年之后走进自己理想的大学校园,也感谢她们陪我一起走过四年的时光。这四年里她们有进步和成长,有欢乐、有汗水、有面对强手的畏惧,也有拼搏后的成功体验。

今年,我们学校的女篮有了史无前例的大突破,也有了很大的收获——淄博市比赛第六名、临淄区比赛第三名,这些成绩的取得包含着我们这个团队每一位成员的努力和付出,还有家长、学校、老师一直以来的大力支持。女篮社团这个团队就如同自己亲手抚养的孩子,从蹒跚学步到独立行走。依然清晰地记得,2005年5月我刚刚接手女篮比赛项目的情景。当时挑选的队员都是初二的学生,每个队员都是零基础,5月份组队,6月份就参加区里的比赛。那一年的比赛可以用惨不忍睹来形容。每一场比赛下来几乎不得分,即使得分也是因对手的谦让,学生们提出了只要能得分就是胜利的目标。经过一年的坚持,我们不再需要对手的施舍,而是靠自己的能力去得分,第二年我们取得乙组第一名。每天的坚持让我们连续4次取得甲组第五名、4次取得甲组第四名、3次取得甲组第三名。

从参加临淄区的篮球比赛勉强能够得分,到临淄区的比赛中我们被确定为种子队,再到参加淄博市的篮球比赛也取得不错的成绩。不知不觉我与这个团队一起走过了15年,确实也有太多情感的投入,自己有时也有点儿不舍。在今年的比赛结束后,我便萌生了不带女篮社团的想法。那天中午,初三的全体队员两次找我,说不愿意换教练。尤其是看到小妍的眼泪,其他队员的不舍,我从心底里感谢她们的认可。我希望让陈老师带领女篮社团训练,实际上是希望这个团队以后能够发展更好。虽然在这十几年的训练中,我摸索出了一些女篮训练的方法,但与陈老师的训练相比,实效性还是差了很多。因为陈老师在高中时代曾经是淄博市冠军队的主力队员,她对篮球的理解比我要透彻。我相信,她会带领女篮社团创造新的辉煌!

离别,对于我们这个团队来说每年都会有。有正式的——每年的毕业;有非正式的——中间由于各种原因离开的。当然每年也有新的队员加入,因此,我们这个团队都会在人员的离开和加入中保持着一种平衡。

再见,是为了让女篮这个团队有个更好的教练,带领她们更好地成长!再见,也是为了这个团队的明天更加辉煌!

读懂幸福

张德芬老师在《幸福是我们的人生第一要务》演讲中,将幸福的真相、幸福的方法进行了细致的剖析。在"如何追求生活中的幸福"这个问题上,对我有非常大的启发。

幸福是什么?幸福是对未来美好生活的向往和追求,追求幸福是每个人的权利,只有让自己的内心更强大,学会爱,才能找到属于自己的幸福。每个人都会有原生家庭带来的创伤,这就需要我们在生活中去修正自己追求幸福的方向。在多数人的成长过程中,如果父母的生活不够幸福,就会投射在子女身上,后者的幸福生活往往需要个人付出更多的努力。因为我们的潜意识会在不知不觉中,引导我们对父母的生活方式进行模仿和认同。

幸福的决定权,实际上握在自己的手中。每个人成长过程中都会经历很多事,同时形成了自己认为"对"的标准。由于每个人的成长经历不同,关于"对"的标准也不同,因此关于对与错的争执,就成为影响幸福的罪魁祸首之一。当我们明白了这个道理,与他人的交往中尽量减少"你应该……"式的说教,我们就会离幸福更近一步。反之,如果经常强调"你应该……"结果就是:即使在争执中你赢了,但是关系却僵了,幸福也会悄悄地走远。

正如张德芬所说:我们首先要做出幸福的决定,再去排除一切影响幸福的干扰。有了幸福的决定,放慢呼吸的节奏,让自己的内心慢慢地平静下来。因为只有呼吸是当下的状态,一旦呼吸的节奏放慢,注意力就会集中在当下,才比较容易靠近幸福。无论何时,只有放空自己的大脑,才能够客观地看清事情最真实的状况。

我们可以在演技修炼中,找到自己的幸福。每个人自出生的那一刻起,上天就给予一部人生剧本,这是我们必须接受的。也就是说,我们无法改变自己的人生剧本,但是可以提高自己的演技。在澳大利亚有一位叫尼克的人,他一出生就没有手也没有脚。乍一看,他拥有无比悲惨的人生剧本。但是他用自己的努力来提高自己的演技,用实际行动做出了很多正常人都无法做的事,演绎出自己的人生辉煌。不被自己的人生剧本困扰。努力修炼自己的演技,就会找到属于自己的幸福人生。

记得曾经有一次观看《中国梦想秀》的节目,看到了山西省高陵县李娜用梦想照亮现实的故事。她19岁时被检查出了骨肉瘤,右腿因此被截肢,但她凭借自己顽强的意志,在残运会上获得乒乓球比赛的金牌。她与爸爸相依为命,残酷的病情进一步扩展,转移到肺部,经常咳血导致昏迷。拥有如此不堪的人生剧本简直是太不幸了,但她却能够以灿烂的微笑面对生活。她说:"哭也是一天,笑也是一天,我为什么不选择笑呢?"她登上梦想秀的舞台,用自己的故事、用灿烂的微笑、用实际的行动,感动了在场的每一个人。让自己幸福的方法有很多,只要是能够帮助我们提高演技、体会当下的方法都是适合的方法。结合自己的需求,根据自己的实际,选对让自己幸福的方法,幸福就会走进你的内心。

幸福是我们的人生第一要务,我们需要做出追求幸福的决定,排除影响幸福的干扰,努力学习获得幸福的方法,用一点一滴的行动感受更多的幸福。

读懂错误,做好育人

根据学校读书计划安排,假期中我选择了读《教室里的正面管教》这本书,经过仔细的品读,我受益匪浅。我是一名体育老师,虽然我的课堂多数在操场,不在教室里面,但这本书的教育理念却带给我很大的启发。细细地品、慢慢地读,在享受读书的同时,我找到了自己的教学理念提升的切入点:读懂每个孩子行为背后的动机和需求。

作者对"四种错误目的表"的解读让我明白,学生"问题行为"背后有真实的需求和动机,只有理解这些真实的需求和动机,才能有正确的教育。这让我对过去教学中针对学生的"问题行为"采取的批评、惩罚等不恰当的处理方式而感到羞愧。因为我只看到了学生的"问题行为",而没有看透问题本质,所以采取的处理方式,既不能让学生改变,也起不到引导作用。这也是问题学生"屡教不改"的原因。只有读懂学生的需求和动机,才能看到学生身上的闪光点,才能帮助学生从错误中找到利于其成长的因素。

叶澜教授发现了"教育眼中无人的现象",于是开始致力于"新基础教育"的研究。记得一位伟大的教育家说过,"如果你只看到了孩子的行为,其实你的眼里没有孩子;如果你能看到孩子的行为背后的需求,你的眼里才有孩子;如果你能看到孩子做事的动机,你的眼里才真正有孩子"。虽有一颗"为学生好"的心,却因没有读懂学生的需求和动机,而采取了不恰当的方式,实际上是"眼中只有事情,没有学生"。

通过对自己二十多年的教育教学进行反思,我看到了自己的不足,也看到了自己的进步,更为自己找到正确教学理念和方向而欣喜。我的教育教学可分为以下三个阶段:

第一阶段,没挨批评就相当于受到表扬。从教初期,我执着于"严师出高徒"的错误理解而开展体育教学。在课堂教学中我经常对学生说的一句话是:"没有受到我的批评,就说明你们已经做得很好了。"在这个阶段的课堂教学中,一节课下来对学生表扬和鼓励的次数真的是屈指可数,甚至可以用"吝啬"来描述我对学生的赞赏。我的课堂教学管理可以用"统治"来描述,学生因为怕受到我的批评和惩罚,在课堂上表现得规规矩矩。虽然我在教学中也采用一些游戏、比赛来激发学生的积极性,但是总感觉缺少了体育课堂教学应有的生机和活力,课堂气氛非常沉闷。用学生的话说,没见体育老师笑过。现在来看,这是自己内心缺少爱的表现。这个阶段大约持续了三年。

第二阶段,关注学生优秀行为,欣赏学生的成功。通过读书、参加各种形式的学习和培训、带领学生外出参加比赛、观看优秀老师的课堂教学等方式,自己的教育观念也在慢慢地发生转变。在教学中,我能够尽力去捕捉学生的优异表现和技能学习的进步,不再吝啬于对学生的表扬。在课堂教学中，关注学生的优秀行为，并且及时地进行鼓励和肯定，这成为我在教学中一直坚持的原则。课堂上能够听到孩子们的欢笑声，但是我严肃的表情依然经常挂在脸上。这个阶段持续了十年左右。这个阶段，我内心的坚冰开始融化。

第三阶段，从错误和失败中找到利于学生成长的因素。我在心理咨询师和家庭教育指导师的学习中，渐渐地明白了：学生的每一种行为，即使是错误的行为，也蕴藏了促进他成长的积极因素。每个人做事的动机都是积极的、正面的，因此只有读懂错误行为背后的需求和动机，才能找到欣赏的点，才能帮助学生找到利于他成长的积极因素。这个阶段中，我欣赏学生的错误和失败，寻找每种行为中利于学生成长的积极因素，以更好地促进学生的健康成长。这个阶段持续到现在，我仍在成长的路上。

曾经看到这样一个观点："教育专家是看学生的优点，教书匠是看学生不足。"在魏书生老师、李镇西老师的报告中，这一观点也得到了验证。而《教室里的正面管教》一书中蕴含的教育理念，是运用鼓励的方式，帮助孩子找到自信、找到归属感和价值感，做好与孩子的情感沟通。读懂孩子行为背后动机和需求，致力于引导学生自己解决问题，将成为我今后教育教学中坚持的教育理念。老师要提高自己的教育教学能力，就从读懂孩子的"错误"开始！

"好关系，才能带来好的教育"，与每个孩子建立良好的情感联结，才是真正教育的开始。教师只有保持一颗童心，才能从孩子的角度看问题，才能更好地了解学生，了解学生的内心需求，才能在教育教学中真正地尊重孩子，做到眼中有孩子。

教育幸福 ing！

恍惚间，2021 的脚步已在匆忙和充实中落在我们身后，成为回忆。我在感慨时光流逝的思绪中，尽力去捕捉几缕关于 2021 的美好记忆。

锻炼：每天清晨的美好时光

一年中最好的时光当属每天的清晨。我嗅着清晨的气息，在行走或慢跑之中，用意念架起自己与宇宙的链接：从宇宙中汲取那股最强大的能量注入自己的身体，让自己的身体充满能量。在偶尔的几声鸟鸣、狗吠中，体味清晨的宁静，让清新的空气通过鼻腔进入自己的身体，在一呼一吸间完成能量的交换，让每一个细胞都充满能量，感觉自己浑身充满了力量。在品味清晨的宁静中，让自己与内心拥有充分对话的机会，清除自己的贪念、功利心和私欲，让自己的内心更加平静；不断擦拭内心的良知，让自己的良知如明镜般清澈、清晰。在对王阳明先生"四句教"的理解中，我深知各种问题都会在良知的指引下，找到正确的解决方法。我总是以"每天我生活的每个方面会越来越好""我的内心会越来越强大"这类正面的语言进行积极的自我暗示，克服自卑，让自己的内心变得越来越强大。

相信：一切都是最好的安排

每个生命的遇见都是最好的安排。别人都是我的镜子，对他人的看法，都是自己内心在他人身上的投射。通过自己对他人的看法，反思自己压抑到潜意识中不被自己接受的行为或做法。允许自己拥有这些特质，接纳自己的不完美，让自己与内心有了更深层的联结。在"一切都是最好的安排"的信念下，接纳遇到的每一个人、每一件事，以平常心，体会生活的美好。感谢这一年中遇到的每个人，让我有机会更好地认识自己，接纳自己。

发现：对教育的不断学习解读

我在品读"新基础教育"理念和对体育教育的思考中，努力寻找教育的意义。当"教育就是发现生长力量"跳进我的脑海时,那种醍醐灌顶之感,不知是否与"王阳明龙场悟道"有点儿相似。每个人与生俱来就有一种向上的生长力量,教育应是对这种内在力量的指引,使其发挥积极、正向的作用。我要以尊重的态度看待生命的成长,努力发现每个生命的美好。

体育运动是生命的源泉,是生活的原动力。我不仅在每天的锻炼中,强健自己的体魄,保持自己的活力,而且在体育教学中,关注学生的情感和生长点,发现每个孩子的进步,及时给予肯定,激发他们继续努力的行动。带着对体育的思考,带着对教育的理解,我开始了对教育意义的探究和写作,用自己的视角、亲身的体验去寻找教育的本质和幸福。

读书:最美好的享受

每天在"镇西茶馆""张德芬空间""心理严选""曾奇峰心理工作室"等微信公众号中,阅读自己喜欢的文章,把自己喜欢的文章分享到朋友圈,把适合家长阅读的文章分享到年级家长微信群供家长学习,也从一些文章中找到了自己喜欢的书名。每当看到自己想读的书,我都会想办法买来读。《自控力》《共情力》《只因目中无人》《幻想即现实》《在这坚硬的世界里,修得一颗柔软心》等是这一年中我比较喜欢的心理学方面的书籍。因自己悟性不高,我需认真读上两遍到三遍方能悟出其中的含义。每一本书都会带来不一样的收获和体验,都能够让自己内心走向宁静、平和。从耿琪老师那里借来《当下的力量》,在阅读中发现这些解读生命本质的文字凝结着生命的巨大智慧,它更能带给我内心的宁静。从林清玄的书中,我明白了"当下"的定义。当下是非常小的时间单位,每一秒有六十个刹那,每一个刹那有六十个当下。只有用心才能体会到"当下",在每一个当下中,体会生命的美好、世界的安静。品味当下带给自己的那种强大力量,让自己的内心变得越来越强大。

读书是我平凡生活中最大的享受。尤其是在读书中出现的那种顿悟的感觉,如同漆黑夜晚中突然出现了一盏明灯,瞬间将自己的内心照得清澈透亮。我经常在体育课上与学生分享读书的感悟。读懂学生对体育的需求，了解他们对健康的渴望，引领他们走出迷茫，帮助他们成长，是我生命中最幸福的事情！

感恩：积累生命的点滴幸福

感谢 2021 年走过的每一天，感谢家人的陪伴，感谢一起奋斗的同事们，感谢陪我一起走过的学生们，感谢陪我成长的书籍！在平凡的日子里，我有如此多的财富，使自己积累起点点滴滴的成长，因而有机会能够更好地认识自己，不断地超越自己！也让我能够在新的一年中拥有更平静的内心、更坚定的信心、更无畏的勇气，去寻找自己对生命和教育的解读，在平淡的每一天里体验属于自己的教育幸福！

第七章　环境适应：发现与合作

环境适应是我们与他人交流、融入团队、适应社会环境的能力，是健康生活的一个重要方面。提高学生的环境适应能力是教师对体育社会性功能的一种挖掘。作为一名乡村体育教师，我在课堂教学中，充分利用小组合合作学习机制，提高学生的语言表达和交往能力；加强课堂教学和教育教学规律的探索，发现学生的生长力量；实施值日体委轮流制，提高学生体育活动组织能力；加强学校体育工作的研究，做好日常写作，提高自己的写作能力；用好身边的人力资源，提高学生的环境适应能力，促进学生健康行为习惯的养成。

让"动车"穿行体育课堂

动车，之所以速度快，是因为每一节车厢都自带动力。如果把体育课堂比作一辆高速行驶的动车，那么每个小组就是一节自带动力的车厢。在班级授课制的模式下，一个班级少则三十几人、多则四五十人，老师很难全面掌握学生的学习和练习情况，所以通常会设立4~6个小组。无论是公开课还是常态课，老师只有培养好体育骨干、用好小组长，才能提高课堂教学的实效。记得十多年前在蓬莱参加山东省体育优质课评选观摩活动时，我从51位优秀同行的课堂教学中领悟到了运用小组合作学习提高教学实效的方法。

一、遵循学生学习规律，形成小组合作运行机制

先体验后感知是学生学习的规律特点。小组合作学习的使用，也要遵循学生的学习特点，找准使用的时机，才能提高学习的效果。课前分组，让学生自己推选组长。把"小组合作学习"作为一种教学手段，充分调动学生进行观察、评价、互助，体现学生在学习过程中的主体地位。教师要以引导者的身份对各小组进行巡查指导。结束时，各小组对各自成员的课堂表现进行评价，教师对各组整体情况进行评价。为了小组合作贯穿课堂始终，课中安排学习和练习任务，使小组在组长的带领下进行合作的尝试练习、展示练习、分组练习等。

二、尊重学生运动基础，总结小组合作学习模式

根据学生运动技术基础的差异，总结出以下两种小组合作学习使用的基本模式。

第一种，学生已有运动技术基础好点的项目。如田径项目的跑、跳、投掷、球类等。在组织教学时，老师先让学生进行小组合作的体验学习，再组织各小组代表或集体自学展示，以掌握学生的基础和学习状况。然后教师进行示范讲解，让学生发现自己的差距或优势，再组织学生进行小组学练，最后进行小组的集体学习展示。对于有些内容，有的学生自己会把问题解决掉。鉴于以上情况，那就通过"学生教学生"的方式，使学生在"生生互动"中共同提高。另外，也可以让学生进行创编活动的尝试。

第二种，学生已有运动技术基础较差的项目。如武术、健美操等（可以根据学校实际情况来确定）。在组织教学时，老师先组织学生进行手臂、脚步的分解动作的学习，然后让学生进行小组合作学习，把手臂和脚步动作进行组合，最后进行小组集体展示。这样就比较容易把新课改"自主合作探究"的理念落实到教学中去。

三、了解学生表现需求，做好小组学习效果展示

课堂学习成效，需要通过学生的展示来检验效果。学习成效展示是课堂教学必不可少的教学环节，也是一堂课中最出彩的地方，更是调动学生持续进行合作学习的内在动力。在以小组为单位合作学习的运行机制下，学生学习成效的展示，可采用小组派出代表展示、小组集体展示等方式。我的原则是能用小组集体展示的，不用个人展示；能用多人展示的，不用个人展示，给更多学生展示的机会。合作学习是为了提高学生对体育的兴趣，提高学生的合作意识和能力。我们体育教学与其他学科的区别是以身体练习为主要手段，因此，要摒弃那些小组为主讨论过多、身体练习较少的低效手段，提高身体练习的实际效果。

四、捕捉学生优异表现，做好小组合作学习评价

学生都渴望把学习的成效展示给同学和老师，更渴望得到老师的肯定、同学的认可。在整个教学组织过程中，教师要善于捕捉小组的学习情况、学生的进步状况。对于小组的优异表现、学生优秀行为，尤其是学生的进步，可以用肯定的语言、竖个大拇指、热烈的掌声等给予及时的评价。用"参与就是成功、进步即是优秀"的学习观念，引导学生积极参与到学习和锻炼中。在每节课结束时，进行优秀小组评选、优秀学生表扬，另外，让小组长对每个同学的参与情况进行评价。

运用小组合作学习机制，就是打造体育课堂的"动车"小组。在使用中不仅能把新课改"自主、合作、探究"理念落实到教学过程中，还能减轻教师的管理负担，提高学生参与学习的积极性，培养学生良好的锻炼习惯，提高教学的效果。

珍惜自己的人力资源

伴随着第一声啼哭，我们来到这个世界。从我们降生于这个世界的那一刻起，每个人便拥有了能够支撑个体生命成长的各种资源。这些资源，

包括人力资源、物质资源、时间资源和错误资源。只有把属于自己的这几类资源尤其是人力资源进行合理的使用，我们才能成为最好的自己。

一、珍惜自己的生命资源，追寻存在的意义

从每个生命的起点来说，我们都是来自偶然中最优秀的组合。每个生命个体的形成是成千上万个精子之间的竞争，最终那个最优秀的精子才能与母体中的卵子进行结合。因此，可以说每一个生命个体都是最优秀的组合。每个生命都能够借助自然界的物质和能量实现自己的成长。而健康是每个人生存和成长的保障，也是每个人对生命存在形式的最真实的渴望。一个人只有拥有健康的身体和心理，才能够适应时代发展并更好地融入社会。健康的身体必须通过肢体运动在肢体出汗、身体劳累、肌肉酸疼之后才能获得。健康的心理，需要在与他人的交往和合作中去感受、去培养。

每个人伴随着自己的成长，都在寻找自己在这个世界存在的意义。人生原本也可以说是没有意义的，但当一个人有了追求的目标，与他人进行物质或能量的交换时，人便会感到属于自己的独特的价值和意义。比如，当你用力所能及的付出帮助了别人，在别人的肯定和赞美中，你会感到自豪快乐。实际上，在帮助和被帮助的过程中，付出的人体验到的快乐和幸福感，要比得到帮助的人更强烈。因为付出的人在这个过程中能够感受到自己存在的价值和人生的意义。当一个人无法找到存在的价值和意义时，他将会过得空虚，甚至可能会用极端的方式轻率地结束自己宝贵的生命。

总之，每个人都应懂得生命的可贵，应在磨炼中培养健康的身心，努力做一个对他人有好处的人，这样生活才会更有意义。

二、珍惜我们的父母资源，读懂父母之爱

父母是每个生命个体的第一人生资源。从我们脱离母体的那一刻起，靠着享用妈妈的乳汁、享受父母温柔的抚摸和拥抱，使用属于每个新生命个体的第一资源。与其他生物相比，人刚出生时的生命是最脆弱的。如果

没有奶水的喂养和父母的照顾，我们无法在这个世上存活下去。在父母殷切的鼓励中，从牙牙学语到我们能够离开父母的怀抱，再到有了"我"的概念，我们一次次从跌倒中爬起来，不断探索这个世界并成长。

合理地利用父母资源，并不是要享受父母"衣来伸手饭来张口"的那种过度关注，也不是向父母无限制地索取物质和金钱，满足自己对物质的欲望，更不是"啃老"。合理地利用父母资源就是不仅要感恩父母的爱，还要脱离对父母的依赖，远离父母无微不至的包办，亲身去体验、感知这个世界上存在的一切，认识这个世界的本质规律，实现自己的独立成长。

现实中，有不少父母，用"爱"的名义剥夺了孩子穿衣、做饭、整理书包、做家务等这些基本的生存技能。父母的这些行为，其本意是想把每个孩子培养成为他们所希望的理想的样子，我们要读懂父母这些行为背后的真实需求。父母把他们未完成的心愿寄托到我们身上，在一定程度上会影响我们成为最好的自己，因为每个人都渴望成为他自己。在步入青春期时，我们会采用与父母相悖的行为进行反抗，这就是所谓的"青春期叛逆"。此时，我们更需要与父母进行真诚的沟通，把父母希望我们成为的样子和自己希望成为的样子进行融合。这样合理地利用父母资源，才有利于我们的成长，有助于我们成为最好的自己。

三、珍惜我们的老师资源，找准人生方向

从步入幼儿园的那一刻，我们便拥有了人生成长的第二大人力资源——老师。从那一刻起，我们的生命便有了更多的含义，知识的学习代表着更多的成长。我们在学习知识的过程中渐渐明白：拥有自己的梦想才能让自己更好地走向远方。在老师的教诲中，我们也懂得了：努力学习才能够在将来扬帆远航，把自己的梦想与国家、民族的梦想融为一体，才能找准自己的人生方向。

四、珍惜我们的同学资源，一起携手成长

陪同每个生命成长的还有我们的同学，这是我们人生路上一笔宝贵的

精神财富。在我们的同学中，可以找到志趣相投的朋友，有的甚至成为我们一生的挚友。在与同学的交往中，我们了解别人眼中的自己，能够客观地认识自己身上那些独特的潜质和优势，这将非常有利于我们的成长。与同学的相处中难免会产生矛盾，有时会因为意见不合争得面红耳赤，甚至会因为无法控制自己的情绪而拳脚相向。这些矛盾和冲突的产生皆是因为我们都想证明"我是对的，你是错的"。不管你处于冲突中的哪一方，都需要努力学会化解情绪危机，把对方从敌人向朋友转化，这才是成长的意义所在。身边陪你成长的人，都是你的贵人，只要你用正确的态度去面对，所有的资源才能助你成为最好的自己！

祝愿每个人珍惜生命，珍惜自己拥有的人力资源，找到自己的努力方向，成为最好的自己！

老师，今天谁整队？

有一次，我正准备给初二（1）班上体育课。当我来到操场时，看到了与以往整齐有序截然相反的情形，学生叽叽喳喳地乱成了一团。于是，我生气地问："体育委员呢？"班长说："小建生病了，今天没来上课。"我明白了，原来是因为没有人整队，所以学生们乱糟糟的。我对班长说："小萌，你出来整一下队伍！"小萌不好意思地低声对我说："老师，我不会。"又找了几个平时比较活泼、能说的同学，结果不是不会，就是口令喊不出口。

此刻，我的内心受到了极大的震撼：这些平时活泼可爱、能说能笑的孩子，组织和表达能力竟是如此之差，将来如何在社会上争取自己的一席之地？对于一个人来说，组织能力、表达能力是在社会上立足的基本能力。同时，我也意识到：我们的教育教学，只注重对个别学生（班干部）组织能力的锻炼，而忽视了对全体学生组织能力的培养。

静下心来，认真思考，发现在体育课堂教学中有很多培养学生组织能力的资源。比如，让学生轮流担任体育委员、轮流担任小组长等。于是，我便萌发了"充分运用体育课教学，对每一个学生进行组织和表达能力培养"的想法，在每节课上设置一名"值日体委"。经过一段时间的尝试，取得了较好的效果。

1.具体做法：在每个班保留原有的体育委员，即"固定体委"的基础上，每节体育课中再增设一名"值日体委"，按照顺序由每个同学轮流担任。老师把队列队形练习时使用的各种口令教给学生，让学生都知道每个指挥口令的含义和做法。

2.具体任务："值日体委"在课前要与体育教师联系好，并且负责安排上课所需用器材的取、还，整队集合，队列、队形练习，以及教学内容交换时队列的组织工作。同时，原有的"固定体委"有协助"值日体委"组织好队列的责任和义务。

3.考核、评估：对"值日体委"的表现情况，由体育教师、"固定体委"和小组长进行评价。评价时，遵循重在参与、敢于尝试、多看进步、少讲缺点的原则，并把该评价结果作为体育课成绩考核中"出勤及课堂表现"得分的重要依据。

4.教育教学效果：经过一个学期的锻炼，虽然每个同学只进行了一次到两次的锻炼，但是每个学生的组织和表达能力都已经有了不同程度的提高。就连那些性格比较内向、平时不敢大声说话的学生，也敢在课堂上发表自己不同的见解了。其他科目的老师也反映学生的表达能力提高了许多。

5.注意事项：（1）体育教师要有坚持到底的恒心。班级授课制是现行的教学组织形式，在一个班里少则二三十人、多则四五十人，每人轮流担任一次值日体委，需要10周左右的时间。因此，体育教师要有持之以恒的决心，将学生的组织能力锻炼坚持到底，不能半途而废。（2）体育教师要有发现亮点的爱心。对性格内向的学生，特别是第一轮锻炼，要多鼓励、少批评，以增强学生的自信心。

一个人的组织能力，并不是靠遗传得来的，而是通过后天的培养形成的。对每个学生进行组织能力的培养，是体育课堂教学培养学生"终身体育"能力的有效途径。作为新时代的体育教师，我们更应充分运用体育教学的学科特点，以持之以恒的决心和信心，让每个学生都得到组织能力的培养，使他们受益终生。

让课堂充满活力
——探索"新基础教育"理念下的体育课堂教学

在临淄区小学组优质课评选大赛中,来自"新基础教育"试验学校太公小学的于海老师执教的"立定跳远"给我留下了深刻的印象。

从准备活动开始,于老师就给予学生"自主练习"的空间:让学生尝试用不同的方式越过地上摆放的小垫子、借助小垫子进行创意拉伸、让学生自己想办法活动腰部。在于老师的引导下,学生积极进行探究和创意练习,课堂呈现出活而不散的良好局面。

组织立定跳远的学习时,于老师采用"高人—矮人—小矮人"模仿练习,用形象化的比喻将立定跳远的动作进行儿童化的解读。于老师引导学生借助"高人—矮人—小矮人"重心变化,使学生对立定跳远的"预备—起跳—落地"动作有了基本的动作表象。学生一边喊着"高人—矮人—小矮人"口令,一边积极参与到立定跳远的练习中。于老师采用的这种模仿练习,适合学生的年龄特点和认知规律,因此,学生很容易就掌握了立定跳远的动作要点。

接下来,是两人一组的创意摆放跳跃练习环节。于老师让两名同学运用两块小体操垫,进行垫子摆放的创意设计,并进行跳跃练习。每个小组产生了多种摆放方法,学生在垫子的创意摆放和跳跃练习中,积极参与、乐此不疲。正是因为于老师给予学生自主、合作的创意设计任务和时间,每个同学无论是在垫子的创意摆放上,还是跳远的练习中都非常投入,整个课堂练习的场景是"形散而神不散"。

在以小组为单位的"钻山洞"接力练习环节中,学生的积极性发挥得淋漓尽致。游戏的方法是,第1名同学进行一次立定跳远练习后,在垫子的上方用两手两脚支撑自己的身体形成一个"山洞";第2名同学也进行一次立定跳远练习,然后从第1名同学的身下钻过去后也将两手两脚支撑起来形成一个"山洞";后面的同学依次进行。小组的最后一名同学钻出"山洞"后即为比赛结束。所有同学要能钻过"山洞",需要"山洞"的空间尽量大。因此，这个练习不仅需要学生合作，更需要支撑的同学有较强的上肢力量。五年级的学生身高胖瘦差异还是比较大的，要钻过空间不是太大的山洞，瘦点的同学相对容易，而比较胖的同学难度较大。课堂出现这样一幕，为了快速完成比赛任务，有好几个小组最后都将同伴从"山洞"中拖出来进而完成比赛。我认为，这一幕场景的出现，是这节课中于老师让学生充分"自主、合作、探究"的创意结果。

对于学生日常生活的研究，是"新基础教育"积极倡导的行动。一堂好的体育课，需要老师对教材进行深入的研究，了解学生已有的运动能力，并结合学生的认知和日常生活来进行教学设计。从学生的视角看待体育教学，才能让教学设计更贴近学生日常生活，才能提高课堂教学的实效，才能更好地引导学生在课堂上的健康行为。

教育就是发现生长力量

生长力量，是每个人与生俱来的一种生命的扩张力量，存在于每个拥有生命体征的个体之中。叶澜教授提出的"教天地人事，育生命自觉"，就是在阐述教育的意义——生命的自觉。"育生命自觉"就是老师在日常教育工作中，发现自身所具有的生长力量，发现每个学生身上所具有的生长力量。学生的健康行为就是自身生长力量的呈现，也是生命自觉的彰显。在物质极大丰富的今天，对于功利的追求，在很大程度上影响了个人对于自身和他人身上的生长力量的判断和发现。作为一名老师，怎样才能发现学生身上的生长力量呢？

一、放下内心的高期望，更容易发现学生身上的生长力量

在我们的教学中，老师习惯拿学生的成绩跟满分标准做比较，并且自己很可能还意识不到。举个例子，如果老师给某个学生制订的 300 米跑及格标准是 1 分 25 秒，当学生跑了 1 分 24 秒时，老师看到的是学生的努力和进步，内心也是喜悦的；如果老师给某个学生制订的 300 米跑及格标准是 1 分 20 秒，当他跑了 1 分 24 秒时，老师看到的是学生的懈怠和不足，

内心肯定是不高兴的。同样的速度，老师却可以有两种截然不同的评价。这种现象，是由老师对学生的期望过高导致的。因此，只有降低对学生的预期，放下内心对学生的高期望，才更容易看到学生的进步，才更容易发现学生身上的生长力量。

二、运用正确的比较法，更容易发现学生身上的生长力量

比较，是衡量一个人工作能力、学习状况、存在价值的一种常用方法。在现实生活中，主要存在两种比较方式，即横向比较和纵向比较。横向比较，即自己与他人比较，其优势是比较容易让自己判断清楚与他人的差距，但是它会成为很多人不幸福的根源。而纵向比较，即自己与自己、今天与昨天、这次与上次比，才是发现自己成长的正确途径。同时，纵向比较也是发现自己生长力量，看到自己成长和进步的策略之一。

"成功是与他人比较，成长是与自己比较。"每个人身上每天都在发生变化，只是我们轻易察觉不到。在物质极大丰富的今天，运用正确的比较方式，才能更加清晰地看到自己的成长。作为一名老师，更需要将正确的比较方法教给学生，让他们在正确的比较中找到自信，发现自己的生长力量，找到成长的幸福感。

三、学会欣赏错误和失败，更容易发现学生身上的生长力量

恐惧，是影响一个人成功最主要的因素。作为教育者，我们应该正视这个问题，并进行深入思考，未长大的孩子们到底恐惧的是什么？在心理学的研究中发现，最令孩子恐惧的是失败和出错使父母不高兴、老师不满意。

作为一名老师，赏识学生的成功和优秀，应该是比较容易做到的事。如，看到学生认真做准备活动，及时表扬；发现某个孩子比上次跑得快了一点儿，及时鼓励。但在每个人的成长过程中，经历做事的失败是必然的。我认为，即使是在学生失败、错误的事情或行为中，也蕴藏了利于他们成长的因素。如比赛时，有的学生为了团队的胜利，违反规则。虽然他的行为我们不认可，但他做事的动机是正向的。我认为，欣赏成功和优秀只是教育的一小部分，帮助学生从失败或错误的事情和行为中，找到利于

他们成长的积极因素，才是教育的真正意义！老师只有学会欣赏孩子的失败，才会让孩子不再惧怕失败！唯有形成如此的正向教育循环，孩子才能够主动从失败中汲取经验，其内生力才会在历练中越来越强大，最终才能形成生命的自觉！

借用林清玄先生的"四心"之说，我认为一名老师应具有师生共长的平常心、不带功利的清净心、发现生长的欢喜心、善于欣赏的柔软心！最好的教育是自我教育，最好的成长是主动成长。教育，不仅是对他人的引导，也是自己内心的修炼。我们都应该努力发现孩子们的闪光点，在发现生长力量的过程中领悟教育的真谛！

爱上写作，收获成长

写作，是很多体育教师眼中的难题，多数体育教师不喜欢写东西，提到写作就感觉头疼。其实做起来也不难，只是一个习惯养成的问题。我们在听课、读书、听报告、参与培训、与他人交流时，会产生一些很好的想法和创意，这些好的想法和创意，就是"灵感"，是在一瞬间出现的，过去了就有可能会遗忘。写作，就是对这些"灵感"进行深度加工，融入自己教学理念的过程。俗话说，"好记性不如烂笔头"，我们要抓住写作时机，随时把想到的动手记下来。时间长了，理论水平和写作能力也就提高了。我总结了几种生活中的写作时机，供大家参考。

一、培训后写作

（一）参加各级体育专业培训，收获大

体育专业培训，线下的有区级、市级、省级、国家级的培训，线上的有区级、市级网络教研和省级远程研修。每次的培训，都会让我们产生一些想法：这位老师课堂教学的优点是什么，我在教学中怎么用；缺点是什么，我怎么避免这样的问题出现。从2009年开始，每次参加区里的学科培训，我都会留下一篇学习感悟。2013年参加省骨干教师培训，听完每个专家的报告，我都有一种写作的冲动，10天的时间，写了10篇学习体会。2014年参加省骨干教师培训学习，我每听完一位专家的报告，就写一篇体会，一共写了10篇。另外，每年的省级远程研修，我都是边观看课例，边做记录，最后把观课记录进行整理，形成一篇篇非常好的学习体会。这些学习体会，成为我出版专著的文字基础。写得多了之后，心中一有什么想法，就想记下来，也就养成了一种写作习惯。

（二）参加非体育类的培训学习，有借鉴

每年临淄区教体局都会邀请一些教育专家来做报告，有时专家的一句话会引发我对体育教学的思考。在外出参加心理咨询师、家庭教育指导师、专家型德育干部、新基础教育年会等培训学习中，我感觉每次学习都有很多收获。在这些学习中，我能够透过现象看到本质，更有助于解决体育教学中的问题。另外，我还会把专家案例讲解中的问题解决策略迁移到体育教学中，形成自己课堂问题的解决措施。每次学习结束后，我都会及时将自己的学习感悟与体育教学融合，形成自己的学习体会。这样感觉自己不断被充实，不断有创新，内心逐渐变得丰盈，有一种满足感和自豪感。

二、交流后写作

听别人的交流时，有时他人的某一句话，也会引发我思考和写作的冲动。如参加临淄区党代会时，临淄中学杨希亮校长对于教学的解读：教学就是让知识穿透身体的过程。当时我就在思考，那我们体育学科是什么？经过思考之后我有了自己对体育的解读：体育就是让运动融入灵魂！我围绕对体育的解读，写了一篇文章。

在书稿修改过程中，我多次去请教于春祥老师。虽然他不是体育老师，但是他对体育的理解，给我带来了启发。每一次与他交流，我都有很大的收获，回家后对书稿进行修改，感觉思路更宽了。我非常荣幸能跟于老师这样的"大家"交流，这让我受益匪浅。

三、读书后写作

有时对一本书的名字或介绍感兴趣，我就会买来或借来阅读，一年有时会读三五本，有时会读十几本。在读书时，我从不奢望一本书就能给我带来巨大的改变，只要书中有一句话能引发我的思考，这本书于我而言就是有价值的。我非常喜欢读心理学方面的书籍，在阅读中逐步了解学生心理变化的规律，读懂学生的需求，这也能够帮助我更好地进行体育教学。2021年暑假，我参加临淄区读书团队一起共读《运动改变大脑》的活动，感觉收获非常大，自己也写了学习体会。

四、活动后写作

体育的活动和比赛多，如带领学生参加比赛，学生在表现优秀或不足时，怎样看待比赛结果；老师在完成自己的优质课、公开课后，怎样对自己的优缺点进行总结；担任优质课评委收获；等等。在活动和比赛中，我们会有很多感悟，这是我们进行写作的大好时机。另外，我们每天进行的体育训练，也是一种很好的写作资源，长期坚持写训练日记，不仅能够提高专业能力，还能提高自己的写作能力。

五、偶发性感悟

（一）生活中的感动

与学生、家人、同事之间的小故事，用文字记录下来就是一篇很好的文章。我在《中国学校体育》杂志上发表的文章《老师，你能小点声喊吗?》就是记录了我与学生之间的故事。

（二）突发感悟

有一次儿子的语文作业是老师布置命题作文：遇见。我觉得这个题目挺好，回顾自己上学期间遇到的好老师，就写了一篇《珍惜生命中的遇见》。

（三）年终总结

每年元旦左右，都是我们进行一年盘点的时刻。我从2014年的元旦开始，每年都自己进行总结，盘点这一年的收获，确定新一年的奋斗目标。

六、研究性写作

体育专业的论文写作和课题研究，要先借助网络工具进行检索，了解国内外最前沿的信息，再结合实际用创新性的观点和做法进行论文写作或开展课题研究。

1.主题学习：（1）通过知网搜索，如，搜索关键词"自主锻炼能力"，要看大学、职校、高中、初中、小学等各个学段是如何做的，先看摘要和框架提纲，然后可以用知网账号下载；（2）通过"全球学术快报"APP搜索，搜索方式同上。借助网络搜索了解最前沿的做法和观点，结合自己的教学，形成自己的工作特色。

2.课题研究。课题研究需要立足实际，找准研究切入点，查阅最前沿的研究现状；找出创新点，确定课题研究框架，把日常工作（备课、训练、大课间、培训、比赛等）作为实施途径；规划好研究成果，做好过程性成果积累；撰写好结题报告。

这些年我坚持写作，感觉自己的写作能力、研究能力都在思考、写作中有所提高。在十几年日积月累的坚持中，积少成多，就有了几十万字的文稿。

第三辑
体育品德的培育

体育品德是指学生在体育运动中应当遵循的行为规范和体育伦理，以及形成的价值追求和精神风貌。体育品德包括体育精神、体育道德和体育品格三个维度。体育精神主要体现为积极进取、勇敢顽强、不怕困难、坚持到底、团队精神等；体育道德主要体现为遵守规则、尊重裁判、尊重对手、诚信自律、公平竞争等；体育品格主要体现为自尊自信、文明礼貌、责任意识、正确的胜负观等。

学生体育品德的培育，是体育与健康课程的育人终极目标。作为一名乡村体育教师，我把"如何做好学生体育品德的培育"作为研究点，以"把平凡工作做到极致"为信念，从课堂教学、校园体育活动、体育比赛、职业比赛欣赏等方面，认真研究学生领悟体育精神的路径，践行体育道德的方法，塑造体育品格的时机，培育学生的体育品德。另外，我积极参与各类学习，捕捉学习中的顿悟、教学中的感动，记录下这些幸福的瞬间，将之转化为自己专业成长的内生力，用"对体育工作的热爱、对社会的责任担当"以身作则去感染学生，影响学生，帮助学生塑造体育品格，促进学生体育核心素养的提升。

体育应造就体格健壮的勇士,并且使健全的精神寓于健全的体格。

——柏拉图

殊不知有健全之身体,始有健全之精神;若身体柔弱,则思想精神何由发达?或曰,非困苦其身体,则精神不能自由。然所谓困苦者,乃锻炼之谓,非使之柔弱以自苦也。

——蔡元培

第八章　体育精神：参与到极致

体育精神是指学生在体育活动中展现出来的优秀意志品质，是培育学生价值观和人生观的宝贵资源。体育精神主要体现为积极进取、勇敢顽强、不怕困难、坚持到底、团队精神等。作为一名乡村体育教师，我从课堂教学、体育比赛、大型比赛欣赏等方面，认真研究培育学生体育精神的路径：用好小组合作机制，增强学生团队合作意识和能力；借助大型体育比赛欣赏，让学生领悟体育精神；用好课堂教学主渠道，引导学生在挑战自己极限的过程中体验和锤炼体育精神；把体育大课间、社团活动、校内外体育比赛、课外体育锻炼等，作为检验和锻炼学生体育精神的平台。

热点赛事悟精神

每当看到五星红旗在奥运赛场上升起，看到运动员捧起冠军奖杯，看到时隔16年中国女足3∶2赢下韩国，亚洲杯夺冠……无论你是身在现场还是在电视屏幕前，都会情不自禁地为他们的拼搏精神喝彩，为我们的祖国感到自豪！我把奥运会、世锦赛、亚洲杯、冬奥会、残奥会等国际大型体育赛事，作为激发学生体育兴趣，引导学生领悟体育精神、学习比赛规则、进行体育文化学习的宝贵资源，结合自己多年的教学实践，总结出了"引领学生欣赏大型体育比赛，促进学生体育学科核心素养提升"的五点做法。

一、观看热点比赛，激发体育兴趣

每一项体育热点比赛，都是这个项目中最高水平运动员的精彩角逐。

所有的比赛，无论是个人项目还是集体项目，都是队员在全力挑战自己的极限。初中阶段的学生，心智发育尚未成熟，具有非常强的模仿意识和挑战意识，也有了基本的体育项目爱好倾向。因此，组织学生观看大型国际体育比赛，不仅能够提高学生对体育比赛的欣赏能力，还能够很好地激发学生的体育兴趣。学生对某项运动喜爱程度的提高，有可能是因为观看一场关键大赛而体验到胜利的喜悦，也可能是对某位体育明星招牌动作的模仿。因此，热点比赛很可能成为学生喜欢某项运动的外部驱动力。当每个同学都有了自己比较喜欢的体育项目时，激发学生的体育兴趣便成为非常简单的事情。对热点比赛的欣赏，也可以让学生对某个体育项目的兴趣更加持久，内在的动力更加强劲。

二、欣赏热点大赛，学习比赛规则

每个体育项目都有其独特的比赛规则。学生懂得比赛规则，才能够看懂比赛，才能去欣赏比赛。根据比赛的日程，老师要提前组织学生进行项目规则的相关学习：足球世界杯比赛前，在课堂教学中组织学生进行足球比赛规则的学习；篮球世锦赛前，组织学生进行篮球规则的学习；奥运会女排比赛前，组织学生进行排球规则的学习；等等。让学生在欣赏最高水平比赛的同时，也能够给一起观看比赛的家人讲解一些比赛规则。给家人讲解比赛规则时，学生不仅能够树立自信心，也能对体育产生更大的兴趣。另外，通过电视或网络观看高水平的比赛，也是学习规则的大好时机。在欣赏专业选手精彩比赛的同时，也能够从评论员的解说和慢镜头的回放中，更加直观地了解比赛规则、学习比赛规则。观看比赛、学习规则，也为学生将来能够深度地参与这个项目，研究规则、利用规则打下基础。引领学生深度学习规则，进一步激发学生对体育的深度热爱。

三、关注人物故事，学习拼搏精神

俗话说，台上一分钟，台下十年功。比赛的精彩瞬间是短暂的，而这些精彩瞬间的准备过程是漫长而充满艰辛的。任何一个体育项目，无论是个人项目还是集体项目，优异成绩的取得，都离不开运动员比赛前三到五年甚至是十几年的不懈努力。他们对这个体育项目最深沉的热爱和为国家争光的必胜信念，是支撑他们能够十几年如一日不懈努力的内动力。学生可通过观看专题报道、搜索人物故事，了解他们的日常训练，学习他们的拼搏精神。

四、交流观赛感想，领悟体育精神

老师有计划地组织学生观看热点比赛，就是为了让学生领悟"更快、更高、更强、更团结"的奥林匹克精神。在观看比赛过程中，每个学生都会有自己的感想。在比赛结束后，教师可以引导学生通过班级群交流自己的感受，在课堂教学中抽出专门的时间，组织学生进行观看感想的分享和交流。每一位学生的观看感想，都是他们自己真实的感受。老师要给予肯定和表扬，并不失时机地引导学生去领悟体育精神、挑战自我、突破自己的极限，让学生提高运动能力，养成良好的锻炼习惯。

五、立足学生实际，开展主题活动

任何一项大型比赛，都可以转化成学生参与主题学习的资源。如：冬奥会前，组织"我是冬奥宣传员"活动，用海报制作、书法创作、录制助力宣言等方式开展宣传活动；冬奥会中，组织"捕捉让我感动的冬奥瞬间"活动，借助短视频平台用图片、视频、文字等记录下令人感动的瞬间；冬奥会后，组织"冬奥精神我来讲"活动，开展宣讲交流。让学生根据自己的能力和实际，参与相应的主题活动，在参与活动过程中更好地激发学生进行体育主题学习的热情！

每一项大型体育比赛，都是一种引导学生健康成长的资源，都蕴含着促进学生体育核心素养提升的因素，都可作为激发学生运动兴趣，引导学生学习比赛规则、参与主题学习活动的宝贵资源。让学生在欣赏大赛过程中领悟体育精神，促进运动实践，改善健康行为，从而促进学生体育学科核心素养的提升。

落榜的也是特长生！

今天是公布特长生录取结果的日子，每年的这一时刻，心中总会感觉有点儿缺憾。"如果××同学专业成绩再高一点儿，他就能被录取""如果××同学的文化课成绩再高几分，他就能被录取"，这样的缺憾每年都会出现。面对跟随训练的学生，心中始终存有这样的不如意。

尽管利用特长升入高中的这些同学，将来的人生道路未必宽广，但看到被录取同学兴奋的笑脸，心中也有些许的欣慰。而面对未被录取的学生，我却有一种负罪感，不敢直视他们的双眼。心中总觉得错的是我，或许是没有让学生选择参与人数少的项目，或许是我的训练方法不够有效，才导致了这样的结局。

今年跟着我训练的六名同学有四人被高中录取，总体看来这是个不错的结果。对于被录取的同学来说，他们的技术水平只能算个好一点儿的业余选手。因此，对于这四名同学来说，这仅仅是专业训练的开始，未来三年的训练之路才刚刚起步，也希望他们继续发扬不怕苦、不怕累的精神，通过三年的努力和拼搏，走进理想的大学，走好自己的专业成长之路。

对于那些虽然也经过辛苦的训练，但最后却未能如愿的同学，我想说：至少在过去的这一年中，你们奋斗过，向你们的目标努力过。虽然今天未能如愿，虽然拼搏失利，但这依然是你们人生的宝贵财富。面对即将到手的胜利，你们也曾心跳加速，你们曾与胜利擦肩而过，你们更是品尝了"失利"之果的苦涩。正是这些不同的体验，令你们向着下一个目标前进的脚步更加踏实、更加有力，这会让你们在下次考试中将"胜利"之果稳稳地抓在手中。

我始终相信，付出才有回报。或许这次的结果也有几分运气的成分，但这份运气的成分多少与个人的命运相关。或许对于某人来说，付出八分的努力就能收获一个圆满的结果，而对于另一个人来说，需要付出十分的努力才能达到相同的结果，如果他只付出了九分的话，圆满的结果将会离他远去。我们无法预测和估计自己的运气成分，但我们能够计算我们的付出到底有几分。因此，与其感叹自己运气不佳，还不如确定下一个目标，用百分之百的付出向目标冲击！不怕失败，不畏对手，这是每一个体育人必须具有的傲骨。

作为一名体育特长生，首先要有不怕苦、不怕累的品质。过去的一年，这样的品质已经烙在了你们的身上。虽说在体育特长生的考试中，一般升上学的才被称为特长生。但我认为，落榜的也是特长生！我始终坚信，付出就有回报！期待你们在不久的将来用不怕苦、不怕累的行动，用自己的努力获得人生的成功！

挑战极限，突破自我

每一种质变的产生，都需要经历量变的积累。每个人运动能力的提升都需要练习量的积累。在教学中，我经常采用一些形象而直观的例子，让学生了解自己、挑战自己、勇于拼搏，让学生知道努力才是改变自己、提升能力的正确路径。

一、让学生认识：个体差异很正常

每个人都是一个独立的个体，受遗传因素的影响，人与人之间存在很大的差异。比如，有的同学的立定跳远，不用练就可以轻松拿到满分；而有的同学即使非常努力也才刚刚达到良好的等级。有的同学100米成绩很好，可1000米的成绩却很差；有的同学身体偏胖跑步成绩不太好，但他力量大，投掷项目成绩好。在教学中，要让学生认识到，人与人之间存在差异是一种正常现象。帮助学生认识自己的优势，找到继续努力的信心，也看到自己的不足，看到与他人的差距，这才是教师需要完成的任务。个体存在的差异，就是因材施教的基础，针对每个学生的素质差异，帮助他们制订不同的锻炼计划，才能让每个学生发展自己的优势，克服自己的不足。

二、让学生学会：正确比较是正途

自己与自己比，今天与昨天比，现在与过去比，这才是正确的比较方法。把与他人的横向比较，当作一种参考。因为个体有差异，所以在进行同一内容练习时，要达到熟练运用，每个人需要练习的次数是不同的。以篮球原地双手变向运球为例，A同学可能需要用1000次的练习，达到熟练掌握，而B同学可能需要2000次的练习才能达到同样的熟练程度，这就是个体差异。当两人都练到1000次时，B的效果肯定不行，这时将B和A进行对比，只会打击B同学的信心，让他认为自己不行。而让B同学与第一次练习时比较，肯定是熟练很多、进步很大；同时A同学与第一次练习时相比，进步更大。同样的次数，不同的比较方式，会让人增强信心。所以，让学生学会正确的比较方式，找到继续努力的自信，才是老师需要完成的任务。

三、让学生明确：挑战自己是方向

"书读百遍，其义自见"，这句话带给我的启示：对于体育教学来说，就是"突破极限，能力自变"。以篮球的罚球投篮为例，假设A同学的命中率目前是30%，而他的目标是达到80%。假如A同学需要经历5000次投篮练习才能达成，当他练习5001次时，自会达到命中率80%以上的目标。这种极限的突破，就如同学习中顿悟的感觉。挑战自己的极限，在坚持中突破自己的极限，才是努力的方向。当然每个人在某个体育项目上的极限，是不可预计、不能预测的，需要自己在坚持中去寻找、去突破自己的极限，以促进自己运动能力的提高。

四、让学生做到：挑战极限即成功

耐力项目是学生体质健康达标测试的必测内容，也是学生不太喜欢的内容。在学生速度耐力的练习中，我经常采用2~3组300米跑的练习，每组的练习都是引导学生去挑战自己的极限。第一组，让学生参考老师提供的标准：女生优秀1分5秒以内，良好1分6秒~1分15秒，及格1分16秒~1分25秒；男生标准每个等级较女生减去10秒。让学生确定自己的目标成绩（可略低于自己的实际成绩），鼓起学生挑战自己极限的信心。第二组，把自己第一组的成绩加上3秒，即为极限挑战目标。第三组，把第二组的成绩加上5秒，即为极限挑战目标。在这样的极限挑战中，学生有成就感、有突破感，也能不断实现对自己速度耐力极限的超越。在一次次的成功挑战体验中，学生更加了解自己的能力，拥有了敢于挑战自己极限的信心。

借助形象直观的比喻，让学生认识自己，正确地面对个体差异，找准努力方向，敢于挑战自己。学生在成功体验中突破自己的认知极限，树立起敢于挑战自己极限的信心，拥有不断超越自我的勇气。

从平凡到极致

十多年过去了，我却依然记得到临沂六中东校区观摩阳光体育大课间活动的场景。虽然在去之前就听说他们的大课间是体育老师改编的瑜伽操，但因为没有亲眼见到过，所以对他们的大课间充满各种猜想。

到达临沂六中时，由于时间尚早，学生正在上课。在等候大课间之前的这段时间空隙，我参观了校园和班级。我看到不大的校园，打扫得干干净净，自行车摆放得整整齐齐，卫生工具摆放得整齐有序。听临沂六中的领导介绍，他们学校有30多个教学班，近3200名学生。当时，心中便产生了一种疑惑，这么小的校园怎么能容纳如此多的学生？在各个班级外转了一圈，确确实实看到了80多人的教室究竟是什么样子。

伴随着集合音乐的响起，初一和初二的学生到达指定位置。四首集合音乐结束后，首先进行拍手操的展示，又进行了站立式瑜伽操的表演，最后进行"龙行"退场的展示。尤其是整齐有序的"龙行"退场的场面，带给我一种震撼。通过今天的观摩，我的内心产生了"把平凡工作做到极致，才是对工作的热爱"的想法。同时，心中涌起很多感慨。

感慨一：在门厅和走廊上开放式图书橱中摆放的图书、报纸竟是如此的完整和整齐有序，书橱旁边挂的借阅记录，写得规范而完整，这充分体现了这所学校的管理水平。同时，我也意识到，我们还没有对学校的德育管理工作进行更加深入的思考，精细化的程度还远远不够。

感慨二：临沂六中的阳光体育大课间流程设计智慧无限。如此狭小的场地，如此多的学生，大课间的组织确实是个很大的难题。而临沂六中的体育老师们，立足学校实际情况，对大课间的集合、拍手操、站立式瑜伽、退场每一个环节都进行了精心策划，创新性地展示了他们对课程标准和阳光体育大课间独到的理解和实践。我也认识到，我们的大课间，也需要从入场、健美操、分项活动、退场等方面进行整体规划和细节策划。

感慨三：临沂六中体育老师站立式瑜伽操的创新，值得我学习。把在瑜伽垫上进行的练习改为站立式，这种创新更需要勇气。这种创新，来源于他们对瑜伽锻炼价值的深入研究，没有深入的研究就不会有创意的改变。他们用实际行动，触动了我的内心，为我提供了学习榜样，也为我以后的发展指明了方向。

反思自己的管理和体育教学，缺少深入的研究，缺少把工作做到极致的信念，这就是我与优秀体育老师之间的差距！我将用爱学习的态度、爱钻研的行动从以下三点做起，把平凡的工作做到极致！

一、关注学生体育情感，激发学生体育兴趣

关注学生的情感，让学生体会到老师对他们的关心和关注。关注学生在体育活动中产生的积极的情绪体验，引导学生体验体育学习的成功，是激发学生体育兴趣的有效途径。

二、做好教材深入研究，增强体育课堂活力

深入研究教材，设立难度递升的练习内容和方式，增强自己的研究能力和创新意识。让学生选择先练什么，再练什么，最后达到学会的目的。引导学生在难度递升的学习中，体验到学习的快乐，从而增强课堂活力，激发学生深度学习的兴趣。

三、弘扬各种体育精神，激发学生家国情怀

体育精神是激发学生参与学习的有效资源。将体育精神、人物与学习内容联系起来，激发学生放大自己的格局，自觉地将自己的成长与国家、民族的命运联系起来。如在排球学习时用女排精神导入，足球学习时用女足精神导入，等等，激发学生的家国情怀意识。

作为一名体育老师，要把激发学生体育兴趣、家国情怀的意识作为自己的责任。深入研究教材、研究学生，把常态课当精品课来准备，把平凡的工作做到极致！这也是一名体育教师对"更快、更高、更强、更团结"的奥林匹克精神在教学实践中的另一种解读！

积极参与助成长

教师个人参加比赛，是促进自身专业成长的最佳路径。在二十多年的教学中，我多次参加体育教师的基本功比赛、优质课比赛、教学能手评选，每次比赛前的准备、比赛的过程，都是促进自己专业能力提升的最好时机。

一、基本功比赛，推动专业能力提升的路径

刚参加工作的那几年，每年都有淄博市、临淄区的体育教师基本功比赛。基本功比赛是多个项目综合起来算分，在赛前才知道比赛项目，因此比赛前需要对所有的项目进行全面的准备。每年基本功比赛的内容和方式都有变化，内容的变化也让自己的技能更加全面。1999年淄博市基本功比赛的内容是"理论+篮球比赛+韵律操"，2000年的比赛内容是"理论+健美操或武术+单杠+排球传球+铅球（按成绩）"，2006年的比赛内容是"理论+队列队形+教学片段展示+自选技巧动作示范"。我认为，参加体育教师基本功比赛，对于提高各项基本技术、准确把握教材有很大的帮助。我个人曾参加临淄区的基本功比赛4次，每次都是一等奖；参加淄博市的基本功比赛4次，2次一等奖，1次二等奖，1次三等奖。在基本功比赛中，我获得了自信，感觉我能行。

二、优质课评选，促进专业能力提升的契机

优质课的评选，是检验教师专业能力的试金石。优质课评选分为两个阶段，第一个阶段是说课或模拟课堂，第二阶段是现场授课。参加评选前要进行多个教材的准备，不仅要认真研究教材、教法、教学设计，还要研究评选标准和评选流程。首先要设计出能够出彩的教学设计，然后按照说课的流程进行文字的整理，最后将整理好的说课稿或模拟课堂稿熟记于心脱稿完成。只有做好充分的准备，才能从第一阶段比赛中胜出。第二阶段的比赛都是提前一天告知讲课主题，需要个人设计好初稿，再与团队成员一起研讨、试讲并进行修改，最后参加现场授课的比赛。因此，优质课评选前这个准备的过程，是促进教师专业能力提升的契机。

我也多次担任临淄区体育优质课评选的评委，每次都感觉收获很大。从参评老师的课堂教学中能够学到很多新颖的教学方法，看到许多高效的教学智慧，这些对自己专业能力的提升有很大的促进作用。

三、教学能手评选，促进专业能力全面提升

自参加工作以来，有5次参加临淄区教学能手评选、1次参加淄博市

教学能手评选的经历。教学能手的评选是现场授课、软件积分两项内容相加。软件内容包括表彰、优质课（公开课）、课题研究、文章发表、辅导获奖五个方面的内容，这就需要老师做好日常研究和积累。现场讲课的流程，是提前一天告知所用教材，提前30分钟进行现场抽签确定课题。其中，3次成功，2次落选，每次的成功都是因为课题研究、文章发表等软件占优势。

无论是教师的基本功比赛，还是优质课和教学能手的评选，都需要老师在日常工作中，借助团队的力量提前把整个初中教材内容进行全面的研究和做好教学设计，都是对教师个人专业能力提升的促进。

在学习中顿悟

学习是教师专业能力提升的最有效途径。我们身边的学习资源很多，包含省、市、区学科专业学习培训、非学科培训（家庭教育培训、心理咨询培训、德育干部培训等）以及各级体育文件学习和课标的学习等。学习的方式有外出学习（省市培训）和区内活动。在多种方式的学习中，提高自己的专业能力，能够更好地驾驭课堂，激发学生的体育兴趣，促进学生核心素养的提升。

一、在专业学习中提高自己的专业能力

（一）省级现场学习活动收获大

回顾自己二十多年的工作经历，在自己专业能力提升方面，外出参加省级学习活动是收获最大的。作为一名农村学校的体育老师，我能够5次参加省级的体育培训学习、1次陪同参加省级优质课评选，感觉自己是非常幸运的。每次参与都有非常大的收获，也促进了自己专业能力的提升。

1.观摩山东省体育优质课评选。第一次参加省级活动是2009年在蓬莱观摩山东省优质课评选。这次观摩学习不仅看到优秀体育教师示范性的教法和练习方法，还对体育教学有了比较深刻而正确的认识。从2000年开始进行体育课堂教学改革，我的课堂上一度出现了很多偏离运动技术教学的现象，这次观摩活动让我走出了迷茫，找到了方向，尤其是对小组合作学习的运用,有了自己独特的理解。

2.观摩山东省教学能手评选。第二次参加省级活动是2010年在潍坊观摩山东省教学能手评选。这次培训让我明白了体育教师的专业发展需要从五个方面入手:优质课评选、基本功比赛、荣誉表彰、论文发表、课题研究。而以上五个方面的积累都需要从提高自己的课堂教学能力做起,认真研究教材,研究教法,研究学生,从而提高自己的课堂驾驭能力。

3.参加山东省骨干教师培训。我有幸参与在临沂大学举行的2013年、2014年山东省体育学科骨干教师培训。这两次的培训让我从体育专家的报告中,找到通过学理和力学原理去深入地研究教材、用好身边的资源做好课题研究、用游戏的拓展提升体育学科的育人价值方向,极大地促进了我个人的专业成长。

4.陪同我校王清华老师参加山东省优质课评选。陪同王清华老师讲优质课,从区里到市里最后到省里,我们找到了在课堂教学上的自信。整个过程,是我们体育教学模式的凝练和总结。这个过程中,我帮助王清华老师进行课程设计,形成了各类课型的模式。在帮助他人成长的路上,我个人专业能力也得到了提升。

参与省级各类培训、观摩活动,让自己的眼界更加宽阔,也能够近距离看到优秀体育教师是如何研究教材、如何上好一节课的。

(二) 市区学科培训,有收获

我们临淄区的体育学科培训活动组织的次数比较多,也非常的规范。现在是每个学期至少一次,原来是一学期两次。在每次的培训中,我都能从主讲老师身上学到一些好的教法。自己也执教过两次区级的公开课,也给全区的体育老师做过两次主题讲座,分享自己的学习经验和专业成长经历。淄博市的学科培训,有线下的集中培训和线上培训,每学期一次。我能从我们淄博市一线优秀体育教师的分享中,找到解决学校体育教学和管理问题的办法,提高自己解决问题的能力。

(三) 网络学习研修,有感悟

1.用好网络研修资源。每年参加山东省网络研修时,都能看到很多优秀老师的课例,这些课例都是我专业成长的学习资源。每次我在观课的同时还要做好记录,便于在进行评课时有的放矢。空余时间把这些记录稍加整理就会成为一篇非常好的学习体会。

2.用好国家教育资源公共服务平台。平台中汇集了许多老师的一师一优课，很多老师的课堂教学都是非常值得学习的，尤其是部级、省级优课，都经过了三四次的评选，非常值得认真观看。

3.用好学术资源。一些学术网站和 APP 成为我学习的资源，通过关键词搜索，寻找最前沿的相关主题研究，借鉴优秀体育老师好的方法，为做好课堂教学提供理论保障。

二、在非学科类学习中审视体育教学

我从 2008 年开始参与学校的德育管理，有机会从另外一个视角去重新认识体育，重新去定位体育教学。尤其外出参加的培训，2015 年在北京参加家庭教育指导师培训，2016 年在南京师范大学参加临淄区专家型德育干部培训，2017 年江苏淮安新基础教育学生领导力观摩学习，2018 年河南周口文昌中学传统文化观摩学习，2019 年常州新基础教育学生工作学习，不仅让我学会从教育和管理角度看待体育教学，还让我学会从学生视角看待体育教学，促进了自己教学理念的转变。另外，参与临淄区家庭教育、淄博市心理健康活动、德育干部以及其他类培训，从专家的案例中我学会了透过现象找到问题本质，帮助学生从错误中找到利于他成长的因素。我经常会把非学科类培训中的一些思考、做法，迁移到体育教学中，很容易地找到了解决体育教学问题的办法，也促进我个人体育教学能力的提升。

为了提高学习效果，避免出现"学习前非常激动，听报告非常感动，回来后没有行动"的现象，每次学习都为自己制订学习目标，至少要留下 1~2 篇学习体会。我认为，每一种学习，都会给自己带来一些收获；每一次学习，都会让自己对体育教学产生思考。

第九章　体育道德：规则领风尚

体育道德是学生在体育活动中必须遵守的基本规范，是体育与健康课程完成立德树人任务的抓手。体育道德主要体现在遵守规则、尊重裁判、尊重对手、诚信自律、公平竞争等。作为一名乡村体育教师，我把校内外的体育比赛作为提升文明素养的时机。在课堂教学中运用课堂教学常规、游戏规则以及"课堂约定"，培养学生遵守规则的能力；利用校内外体育比赛、活动，培养学生尊重裁判、尊重对手的良好习惯；在课堂教学、体育活动以及各种比赛中，培养学生诚信自律、公平竞争的意识，倡导学生当好遵守体育道德的实践者和传播者。我把校内外比赛作为提升文明素养的资源，借助游戏拓展提升体育课程育人价值，记录师生间的感动瞬间，当好学生的"优点淘宝人"。

文明引领体育风尚

"文明其精神，野蛮其体魄"是一代伟人毛泽东在《体育之研究》中的重要观点。体育比赛不仅仅是学生体育竞技水平展示的舞台，更是提升学生文明素养的重要契机。每一种比赛都有运动员、裁判员、工作人员、观众四种角色。运动员文明参赛、裁判员文明执裁、工作人员文明服务、观众文明观看，是我们对每一项体育比赛最美好场景的期盼。结合自己多年的体育课堂教学和比赛组织经验，我把体育比赛作为提升师生文明素养的资源，让文明去引领良好体育风尚的形成。

一、体育课堂教学做好文明渗透

比赛或游戏是体育课堂教学中经常采用的教学组织形式，也是进行文明教育渗透的最好时机。在教学比赛中，学生的角色在队员和观众之间转换，偶尔学生也会担任裁判。老师要在比赛之前教给学生比赛中文明行为的要求，如"尊重对手、团结队员、尊重裁判、尊重老师、遵守规则、公平竞争、为本队加油、为对手喝彩"等，并引导全体同学对比赛过程进行监督，抓准教学比赛细节，弘扬正气，让文明教育在日常体育教学中落实好。在组织教学比赛过程中，老师要认真观察哪些学生做到了哪些文明行为，哪些学生在什么地方出现了不文明的行为，同时引导学生做好观察和监督。在比赛结束后，让学生统计比赛中的文明行为、不文明行为。对于学生在比赛中的文明行为，教师要及时面向全体学生进行表扬；对于学生在比赛中出现的不文明行为，如，为了取得胜利违反规则，喝倒彩，故意扰乱或阻止对方，使用侮辱性的语言、脏话等，要进行批评并做好正确的引导教育。积极倡导比赛过程中的文明行为，既提升学生的文明素养，也提升学生的体育学科核心素养。

二、校园体育比赛做到文明引领

我把校内举行的各种体育比赛，尤其是全员参与的比赛，如运动会、足球班级联赛、篮球比赛、冬季长跑比赛等，作为全体师生文明素养提升的重要契机。在比赛前，学校开展文明运动员、文明工作人员、文明观众、文明裁判员、文明班级等评选标准的征集活动。体育组联合德育处，组织各个班级召开"体育比赛中的文明行动有哪些"主题班会，让学生从运动员、志愿者、观众、裁判员、班级五个方面去讨论文明的标准。经过班级讨论、德育处汇总、体育组整理，最后确定了以下标准：

1.文明运动员的标准：按时检录、尊重对手、尊重裁判、勇于拼搏、公平竞争。

2.文明志愿者的标准：明确职责、服从指挥、坚守岗位、热情服务。

3.文明观众的标准：有序进场退场、指定座区就座、遵守观看秩序、适时鼓掌喝彩、保持座区整洁。

4.文明裁判员的标准：尊重选手、秉公执法、公正准确、严肃认真、不徇私情。

5.文明班级的标准：队员文明参赛、观众文明观看、座区卫生整洁、入场整齐有序、退场按时有序。

在比赛前进行文明标准的公布和宣传，倡导师生积极参与文明行动。文明标准征集活动和宣传，让全体师生在心中明确了每个角色的文明标准。用文明引领每一个与比赛相关的人，积极争当文明运动员、文明裁判员、文明工作人员、文明观众、文明班级，让文明遍布赛场的每一个角落，促进校园体育比赛文明风尚的形成。另外，让学生牢记：对国旗的尊重，更是文明的彰显。多数体育比赛的开幕式要举行升旗仪式，只要你在现场，当国歌奏响时，请起立，以立正姿势面向国旗站好，听国歌或跟唱国歌，用文明的行为表达对国旗的尊重。

三、校外体育比赛做到文明呈现

我把校外体育比赛，如省、市、区篮球比赛、足球比赛、排球比赛、自行车比赛、举重比赛、网球比赛、田径运动会等，作为学生文明素养提升的平台。外出比赛前召开会议时，老师要把学生参加校外比赛中文明乘车、有序入场、文明参赛、文明观看、赛后致谢、文明就餐等环节的要求，向学生一一做好解读，让学生明确各个环节的文明做法和要求，树立外出比赛就是展现文明素养的意识。在整个校外比赛过程中，学生要把按时参赛、服从指挥、尊重对手、尊重裁判、顽强拼搏、团结协作等良好作风展现出来。老师要做好学生在整个参赛过程中文明行为的观察，对于出现的不文明行为要及时制止，并且每半天要进行一次总结通报。比赛结束后，要对每个学生参与校外比赛中的文明行为进行表扬，对出现的不文明行为要提出批评。学生的文明素养和体育学科核心素养在参与校外比赛过程中也得到了提升。

总之，用文明引领体育比赛，是体育与文明的深度融合，也是对体育比赛育人价值的挖掘。

四措并举学规则

每个体育项目都有自己独特的比赛规则，相对来说球类项目规则要更复杂一些。比赛规则的学习是学生掌握一项运动技能的重要组成部分。以篮球规则学习为例，为了让学生更好地理解篮球规则、运用篮球规则，我们可以通过课堂学习、观看大型比赛、比赛体验、讨论答疑四种方式进行篮球规则的学习。

一、抓准最佳时机，课堂中学习规则

课堂教学是学生学习篮球规则的主要阵地。教师在进行课堂教学时，可通过穿插式的学习、体验、运用，使篮球规则的学习更有趣味、更有效果。

1.准备部分，创编裁判手势操。在篮球比赛中，裁判需要用不同的手势表达出不同的含义。我们可以把裁判执裁时使用的手势编成有节拍的徒手操，带领学生在准备部分进行学习和练习。这样的学习方式，既能引导学生充分活动身体的各个关节，又能够让学生了解每个手势的含义，使学生能够快速掌握相应的规则和手势。在篮球裁判手势操的学习过程中，学生对篮球规则有了形象而直观的初步了解。将规则学习改为"节拍+动作"的练习，能够较好地调动学生学习篮球规则的积极性。同时，教师在裁判手势操的创编中，提高了自己的创新能力。

2.课中练习，穿插比赛规则讲解。在教学中，根据篮球教学的练习内容，穿插与其相关的规则讲解，有利于学生对篮球规则的理解。如结合球性练习和运球技术动作的练习，可以进行翻腕、两次运球等违例行为的讲解；结合持球突破、行进间投篮的练习，可以进行走步违例行为的讲解；结合投篮练习，讲解打手犯规以及罚球规则；结合滑步动作、掩护配合练习，讲解阻挡、推人犯规行为。这样的讲解方式，让学生更容易了解篮球的比赛规则。另外，关于比赛时间、暂停次数等要求，可以在组织教学比赛前进行讲解。

二、观看职业比赛，欣赏中领悟规则

电视，网络直播或转播的 NBA、CBA 篮球职业联赛，奥运会，世锦赛，亚洲杯，亚洲锦标赛，大学生篮球联赛等都是学生学习篮球比赛规则的宝贵资源。通过观看高水平的比赛，学生能够更好地领悟规则，真正地看懂篮球比赛，提高对篮球学习的兴趣。

1.布置观看篮球比赛作业。结合课堂教学中篮球规则的学习，可以通过布置课外作业的形式，让学生利用周末观看高水平职业篮球比赛。学生在观看比赛的同时，进一步了解裁判手势的含义，把握好犯规的判罚依据。学生在观看比赛时对不理解的判罚或有疑问的地方，可以咨询同学、老师，也可以从网上搜索，如仍有疑问可在课堂上的答疑解惑阶段寻求解答。

2.室内学习篮球比赛规则。在天气比较恶劣，不适宜进行室外教学时，老师可以组织学生在教室内通过观看篮球比赛视频，引导学生进行篮球规则的学习。学生可以从对比赛的欣赏中，尤其是从犯规判罚的回放中，去领悟篮球比赛的判罚原则。在观看中对于不明白的判罚，可以及时与同学交流，向老师咨询。

三、用好各类比赛，体验中运用规则

教学比赛是篮球规则学习效果的试金石。

1.课堂教学中组织分组对抗比赛。如，三对三、五对五的比赛，根据学生需求进行分工，可担任裁判，也可以担任队员。一般可以安排1~2名同学做小裁判。参与比赛的同学在比赛对抗中体验比赛规则，担任裁判的同学在小裁判的执裁中体验比赛规则。

2.校内班级篮球比赛。组织校内班级篮球比赛时，可以安排1名老师、2名学生担任裁判，给学生担任裁判、体验规则的机会。比赛的队员，在比赛过程中领悟比赛规则。场外的观众，也会在观看比赛的同时学习和领悟篮球规则。

四、组织答疑解惑，讨论中明确规则

在观看高水平比赛后或组织篮球比赛后，学生一定会有不明白的地方。教师可以组织学生进行篮球规则的专题讨论。学生互相交流讨论后，如果仍有未解决的问题，则需要教师答疑解惑。如果遇到不能及时解答的问题，教师可通过查阅资料后再给学生进行解答。如此，学生在领悟规则的同时，也提高了观察能力、质疑能力。

总而言之，篮球规则的学习是篮球运动的一部分，也是健康知识学习的一部分。通过对篮球规则的学习，学生能够看懂篮球比赛，理解裁判手势的含义；了解了篮球规则，在比赛中才能遵守规则。教师要引导学生认真研究规则，用好规则，不断激发学生对篮球学习的兴趣，提高学生篮球水平。

"课堂约定"建奇功

担任优质课评委，是学习参赛选手教学智慧的最好时机，也是反思自己体育课堂教学的契机。在临淄区小学体育与健康优质课课堂教学评选阶段，我作为评委全程观看了"快速跑"和"跳远"两项内容、12位老师不同风格的课堂展示。借助本次担任评委的契机，我将自己对课堂教学的思考用文字呈现如下。

众所周知，小学生保持注意力的时间比较短，加之体育课往往在室外进行，学生的注意力容易分散或被其他事物吸引。因此，在课堂教学中，提高学生学习和练习的专注度，是一堂课成功的关键。

对于"如何在体育课堂教学中集中学生注意力"，我也进行过多方尝试。例如，课程开始采用"特别的问好""观看体育老师的鼻尖"等等，这有一定的效果。在与我校3位心理健康老师一起观摩山东省心理健康工作坊线下活动时，看到上课老师在课程开始用朗朗上口的语句与学生进行"课堂约定"。我认为这种课堂约定的方式，在教室内使用对于集中学生的注意力有非常好的效果，在室外的体育课上使用还不知道效果如何。

在这次小学组体育与健康优质课的评选中，好几位老师也都采用了不同形式的"课堂约定"。如：西单小学李腾老师用"师：看什么——生：看老师""师：听什么——生：听规则"与学生呼应；实验小学李建桥老师的"OK"手势和吕海滨老师的"数字手势"，学生根据手势回答相应数字；太公小学于海老师的"师：看什么？生：看见你"和"师：燃烧吧！生：卡路里"；金茵小学李芳老师在准备活动中用"听哨声双脚跳到小垫子上"的方法；稷下小学王燕老师采用SPARK模式借助音乐的开、停来集中学生的注意力，都有非常好的效果。

以上几位老师所运用的这些"课堂约定"方式，不仅适合在课程开始集中学生的注意力，而且在课堂练习中或者在练习内容变换时，都可以使用。而在我们的体育课堂中，用哨声集中学生注意力是一种非常传统而有效的方法。

从老师的视角来说，无论用哨声还是用"哨声+师生约定"的互动方式，集中学生注意力的目的都能达到。细而思之，哨声与"哨声之后+语言"互动还是有些许差别的。在课堂教学中，哨声只有老师能够吹出来，可以说，哨声就是老师权威的象征，学生只能听从指挥。因此，虽说哨声也是师生之间交流的一种语言，却缺少一些温暖的成分。而哨声之后再加上"手势或语言"的互动回应，与单纯的哨声相比，更增添一些人性的温暖。另外，在师生间的问答互动中，老师也可将自己的激情通过互动传递给学生。

从学生的视角来说，在与老师的约定互动中，学生可以与老师进行平等的对话，感受到老师的关注；在与老师的互动中，感受老师的激情，激发自己参与学习、练习的动力。与单纯听老师哨声相比，学生更喜欢哨声之后的"约定"互动。《卡路里》是一首非常流行的歌曲，每当这首歌响起时，孩子们都格外地兴奋。优质课比赛中好几位老师都选用了这首歌。了解学生的爱好和需求，选用学生喜欢的"约定的方式、内容"，如热词、流行语言，更容易走近学生，也是老师学生立场最好的体现。

教育是影响，不是说教，将教育化作无形，才是教育的最高境界。教学中的"课堂约定"，是对学生遵守规则能力的训练，也是对学生体育品格塑造的手段。课堂约定，是一种教育技巧，更是一种教育智慧。它不仅是老师驾驭课堂能力的体现，更是保障课堂教学顺利进行、课堂教学环节顺利转换的关键。

课堂约定的方式虽好，但需要老师把握好在一节课中使用的频次和时机。当看到学生练习不够认真时，可以使用"课堂约定"；当需要内容变换时，可以使用"课堂约定"。我个人认为，在一节课中运用3~5次即可，尽量是在内容变换时使用。如果在一堂课中，课堂约定仅仅是因为看到学生练习不够认真而多次使用的话，那就说明这节课的练习内容和方式根本无法调动学生练习的积极性，这时就需要考虑重新设计练习方法和内容。

课堂是平台，语言是媒介，约定是智慧。每一位老师都希望学生在自己的课堂上专注地学习、投入地练习。借助"课堂约定"这一简单而高效的教学技巧，可以在课堂教学的各个环节中提升学生的专注力，并在潜移默化中对学生的规则意识进行培养，提高课堂教学的效果。

游戏拓展提升育人价值

我认为，游戏拓展是对游戏育人价值的挖掘，是培养学生体育品格的有效载体。十几年前，我参加陈飞星教授组织的游戏拓展活动，受益匪浅。一天的学习和体验，让我认识到，游戏拓展是挖掘和提升体育学科育人价值最高效的方式之一。

一、游戏拓展带来了育人价值的提升

每个体育老师，都渴望在课堂教学中实现育人价值的最大化。游戏是我经常在体育课堂教学中用来激发学生兴趣的练习内容。如果仅仅把游戏作为判断小组胜负、激发学生积极性的练习内容，那是对游戏育人价值的窄化。多数游戏都是在多人合作中完成的，因此，学生参与游戏的过程就是体验团队协作的过程。游戏拓展，就是让学生把参与游戏的体验与日常生活中"如何做人、如何做事"的领悟联系起来，实现游戏育人价值效益的最大化。

二、游戏拓展能够落实新课改的理念

在拓展时，游戏的组织方式与一般体育游戏的组织方式没有太大的区别，不同的是取胜策略的探究和游戏结束后的拓展引领。在每个游戏开始前，老师先让各小组确定组长，然后讲解游戏规则，再让各小组在组长的带领下对游戏规则进行研究、理解、讨论，在探究中确定好小组要采用的取胜策略。各小组进行规则讨论的过程，就是"自主、合作、探究"理念在教学实践中落实的过程。

在每个游戏结束后，无论是胜利的小组还是失败的小组，都要根据自己小组的参与情况，联系自己的日常生活领悟"怎么做人，怎么做事"，进行参与体会的分享。这个结合参与谈体会的过程，是培养学生体育品格的最佳时机，也是对游戏育人价值提升的过程。

三、确定取胜策略就是体验团队协作

只要是比赛，每个小组、每个学生都渴望在比赛中取得胜利。在每个游戏进行前，需要各小组成员对游戏规则进行理解、讨论，然后成员共同确定小组的取胜策略。在这个探究的过程中，小组成员之间就会出现分工、合作，最后达成共识。整个探究的过程，也是每个学生深度参与、团队合作的过程。在比赛中，领导的重要性和团队成员执行共识的协作过程，也会影响到比赛的结果。"让学生进行分工和对规则的取胜策略探究"的环节，就是让学生体验团队协作的最佳机会。

四、领悟做人做事就是塑造体育品格

比赛结束后，针对比赛的结果，老师要指导每个小组从五个方面去总结取胜的关键：第一，不能违规；第二，要有一个好的领导；第三，要有很好的取胜策略（团队的智慧）；第四，有很强的执行力；第五，要有很强的毅力。另外，作为团队成员要有大局观，服从领导，听从指挥，才能让团队在比赛中取得胜利。在游戏结束后，先让学生"谈参与感受"，教师再点拨领悟"怎么做人、怎么做事"。这样的拓展引领操作步骤，是育人价值挖掘的有效方式，也是塑造学生体育品格的大好时机。

五、在两次探究中培养学生创新能力

创新就是给予学生思考的机会，形成他自己理解的过程。在游戏开始前，教师让学生进行游戏规则理解、取胜策略讨论的环节；在游戏结束后，老师引导学生体验参与感悟、领悟"怎么做人、怎么做事"的环节，也是培养学生创新能力的过程。在这两个环节中，老师给予学生自主空间，让其带着任务去研究、去探讨，这不仅能从根本上调动学生参与的积极性，还能培养学生的创新能力。

游戏拓展与我们一般体育游戏的组织相比，是教学组织方法的创新，能够更好地调动学生参与的积极性。游戏拓展的组织过程，是教师关注学生体验的过程，是培养学生探究能力和创新能力的过程，也是塑造学生体育品格和提升育人价值的过程。

教育真谛：做个"优点淘宝人"

记得在参加临淄区家庭教育讲师团第二期培训时，岳晓东博士的报告让我内心深受触动，收获也非常大。尤其岳博士多次提到的形象化的比喻"淘宝"一词，引发了我对"优点淘宝"的思考。我认为：做个"优点淘宝人"才是教育的真谛！

一、做好自我教育的"优点淘宝人"

借助岳博士提供的方法，重新梳理自己成长过程中的"里程碑"事件，尤其是以前自己认为"灰色"的事件，我看到了利于自己人格成长更多的优点。

我认为，教育的落脚点要归结到自我教育。在学习中，我开始学习与自己的内心对话，慢慢地学会悦纳，擦拭自己的"良知"，让自我更加强大，实现"本我、自我、超我"的融合，成为自己的"优点淘宝人"。

二、做好家庭教育的"优点淘宝人"

"母亲决定家庭的温度，父亲决定家庭的高度。"一个家庭幸福与否，取决于夫妻关系是否融洽。

1.做好孩子的"优点淘宝人"。每个孩子都渴望得到父母的赏识、肯定。爱孩子是人的天性，会爱孩子却是一门技术。孩子是父母的一面镜子，在与儿子18年的相处中，有欢笑，也有冲突。当意识到自己的错误时，我会及时向儿子道歉。有时也会以爱的名义，忽视孩子的感受，看不到孩子的优点。

岳博士报告中的许多视频案例以及岳博士自己成长的"里程碑"事件，对我触动很大。我应该在每一个事件中寻找利于孩子成长的正能量，发现孩子的优点，做好孩子的"优点淘宝人"，也进一步提高自己内心的修炼水平。

2.做好妻子的"优点淘宝人"。每个人都希望自己的付出被看见。妻子属于讨好型人格，为家庭付出很多。我属于超理智型人格，不太会表达自己的情感，妻子更是因为我的忽视一度患上抑郁症。慢慢地，我逐渐看到妻子的付出、看到她的优点，学会了及时表达情感。我认为，做好妻子的"优点淘宝人"，就是作为一个丈夫最大的责任。

三、做好学校教育的"优点淘宝人"

（一）做好学生的"优点淘宝人"

体育课堂教学中，每个学生都非常渴望得到老师对他的肯定和鼓励。每一位老师的教育初心，都是希望自己的学生成长得更好！岳博士的《荣辱之间：让我欢喜让我忧》引我深思。作为一名老师仅有"为学生好"的初心是不够的，还要具有"能够看见学生优点"的慧眼，这才能成为学生的"贵人"！著名的教育家李镇西老师，就非常善于利用相机捕捉学生成长的精彩瞬间。因此，在课堂教学中，要积极寻找学生知识的成长点、能力的成长点、思维的成长点、精神的成长点，帮助每一个学生看到自己的成长，看到自己的优势，做好学生的"优点淘宝人"。

在体育课堂教学中，看到学生按时集合、积极参与准备活动、优美的动作、练习中碰倒了器材主动摆好、技术动作学习的进步、好的团队配合、帮助老师回收器材等优秀的行为，都要给予充分的肯定，必要时面向全体同学对优秀行为进行表扬。看到为了小组比赛胜利而提前起跑、为了小组胜利干扰其他小组队员等不良行为，先要按照规则进行处罚，让学生敢于为自己的错误担责；再肯定他们为了胜利的动机，批评他们一心求胜采用的错误行为，帮助他们从错误中，找到利于他们成长的力量。关注学生的情感，激发学生的体育兴趣，培养学生良好的锻炼习惯，同时也实现自己教学智慧的增长。

（二）做好同事的"优点淘宝人"

每一位老师都渴望得到领导和同事的认可、肯定。李镇西老师任职学校的墙上挂满了他捕捉到的老师上课、活动的精彩瞬间。那些大幅图片就是对老师们付出的肯定，也是对老师们的激励和精神褒奖。我认为，作为学校的中层管理者，更应该将老师的工作干劲、工作热情、工作能力、工作成效看在眼里、装在心里，成为同事们的"优点淘宝人"。

作为一名体育老师，需要做好自我教育的"优点淘宝人"让自己自信成长；做好家庭教育的"优点淘宝人"，让家人幸福成长；做好学校教育的"优点淘宝人"，让师生共同成长！

当好人生赛场"教练员"

队员、裁判、教练员，是每一项体育比赛必不可少的三个组成要素，这三个角色都有其各自不同的任务和职责。只有每一个角色都尽职尽责，才能够保证比赛的顺利进行。而这三个角色中，教练员是串联比赛和赢得比赛的关键。

作为一名优秀的队员，不仅要在比赛场上能够发挥自己的优势，还要了解对手的优势和弱点，并通过顽强拼搏来争取比赛的胜利。如果是两人以上参与的集体项目，还需要与队友进行密切的配合，并与队友互相鼓励，让队友也发挥自身的优势，方可取得比赛的胜利。

作为一名合格的裁判，他的职责就是在比赛中，根据场上队员的表现和教练员的指挥，按照比赛的规则要求，对"违规"行为进行判罚。裁判的角色任务，也可称为"对与错的裁决"。

而作为一名合格的教练，最起码要做到两点：一是要了解每一位队员的特长和优势。尤其是篮球、足球、排球等集体项目，教练首先要了解每一位队员的技术特长，他是善于进攻还是善于防守，他善于在哪个位置进攻或防守；其次，要了解每一位队员的意志品质特点，他们是否善于打"困难仗"。二是根据队员的表现，及时地做好每一位队员的思想工作。当看到队员萎靡不振、信心不足时，要想方设法地给每一位队员增强信心，让他们获得继续努力的勇气；当看到队员骄傲自满时，要给他们喷点儿"冷冻剂"，使每一位队员保持清醒的头脑，明确自己的奋斗目标。唯有如此，才能在正式的比赛中发挥每个队员的优势，才能赢得关键比赛的胜利。

每个孩子就如同比赛场上的"队员"，作为孩子成长过程中不能缺少的外界支撑——老师，是选择担任"裁判"还是"教练员"，将直接影响每个孩子的成长结果。

如果老师选择以"裁判"的角色出现在孩子的成长路上，他的任务将会非常的简单：对孩子的行为进行"对与错的判断"，将成为这些老师的主要任务。于是，面对孩子出现的问题，先进行"对与错的判断"，然后对孩子进行不厌其烦谆谆教导式的批评，目的是让孩子勇敢地承认自己是错的。至于孩子是否拥有持续前进的成长动力，这不是他们考虑的主要问题。

如果老师选择以"教练员"的角色出现在孩子的成长路上，那么他的任务就会非常复杂和繁多。首先，要根据孩子的行为和表现了解孩子的特长或优势，并制订适合每一个孩子成长的计划。在与孩子的接触中，通过对每个孩子的观察、与孩子的交流，了解孩子的特长，并帮助孩子认识自己的特长。结合每个孩子的特长，因势利导，进行有针对性的培养。其次，要根据孩子的不同表现，进行正确、及时的指导。孩子情绪低落时，需想方设法使孩子鼓起继续努力的勇气；孩子骄傲自满时，就给他们适时地喷点儿"冷冻剂"，指出他们的不足，使孩子保持清醒的头脑，明确自己下一步的奋斗目标。最后，要了解孩子真实的内心需求，让孩子拥有持续前进的动力。鼓励孩子参与多种生活体验，如参加家务劳动、参与体育锻炼等等，从参与中获得不同的情感体验，并让成功、快乐的体验经常出现在孩子的成长过程中。即使孩子出现错误，也要了解"孩子处于错误之中的真实内心感受"，帮助他们从错误中找到利于他们成长的因素。引导孩子认识到已经出现的错误对自己成长的积极意义，才能避免孩子在以后的成长路上出现类似的错误。只有用发展眼光做好引导，才能让孩子养成"不怕犯错，有错就改"的习惯。

我个人认为，作为一名老师，要用"教练员"的眼光去看待每一个孩子。首先，了解每个孩子的特长和优势，并让孩子认识自己的优势，培养孩子的自信心，为每个孩子的发展找到持续前进的动力。其次，了解孩子真实的内心需要，根据孩子的不同表现，做好正确、及时的指导。尤其是看到孩子情绪低落时，更要让他认识到自己的优势，让孩子保持持续前进的成长动力，如此才能让每个孩子都赢得人生赛场的最终胜利！

第十章　体育品格：自信与责任

体育品格是学生在体育活动中展现出来的行为品格，是通过体育与健康课程塑造学生健全人格的重要方面。体育品格主要体现为自尊自信、文明礼貌、责任意识、正确的胜负观等。作为一名乡村体育教师，我认真挖掘体育教学、比赛、活动、事件中塑造学生体育品格的时机，捕捉教学、活动和比赛中学生的不良行为和优秀表现，及时做到教育个人、引导全体；记录师生之间的故事，激发学生的自信心；让学生体验学习成功，提升学生的自尊自信；用好各类比赛资源，引导学生树立胜不骄、败不馁的胜负观；加强课堂教学和训练研究，提升自己的自信心和责任意识。

品格塑造抓时机

学校体育中蕴含着塑造体育品格的丰富资源，需要老师用好这些育人资源。体育品格的表现包括遵守规则、顽强拼搏、尊重他人、团队合作、社会责任感、正确的胜负观等。体育课堂教学是培养学生体育品格的主渠道，也是促进学生体育核心素养提升的主渠道。我个人认为，在课堂教学中找准体育品格塑造的时机，形成常态化育人机制，不仅能够提升教师的教育教学能力，更有助于学生体育品格的形成。

一、找准遵守规则的培养时机

培养学生遵守规则的意识，需要从遵守每节课的课堂常规、每次比赛的规则做起。按照先解读规则要求、再监督规则落实、最后进行规则落实评价的步骤,抓好学生规则遵守习惯的培养。

首先,抓好课堂常规培养学生规则意识。俗话说,良好的开端是成功的一半。一是抓好每学期的第一节课。向学生讲解体育课堂常规内容,让学生明确常规要求:课前2分钟集合要守时,老师讲解要倾听,课堂练习要自律,违规行为要处罚。制订违规奖惩办法,对遵守常规要求的同学,及时作出口头表扬;对出现违规行为的同学,第一次做原地蹲起20次,以后每次违规再增加20次。在落实常规要求的同时,让学生敢于为自己的错误行为负责。二是抓好每节课的开始。从每节课的集合开始严格落实课堂常规要求,并持之以恒地坚持下去,培养学生遵守规则的习惯。每节课结束时,对于遵守常规要求的学生进行表扬,对于违反常规要求的学生进行通报并提出下节课的希望。在引领学生遵守体育课课堂常规要求过程中,培养学生遵守规则的意识和能力。

其次,遵守课堂组织的游戏或比赛规则。游戏或比赛是培养学生规则意识的宝贵资源。比赛前,老师要对学生讲解清楚比赛的方法、规则要求以及处罚办法,给予各小组自主探究的时间,让小组成员去理解规则并确定取胜策略,并让每个同学树立做好比赛规则监督的意识。比赛中,老师的任务是认真观察哪些学生是遵守规则的,哪些学生在什么地方出现了违规行为,做好各组比赛名次的判定,引导学生做好观察和监督。结束时,询问学生哪些同学是遵守规则的,哪些同学有违规行为,对于遵守比赛规则的同学提出表扬,对于违反规则的同学按照规则进行处罚,引导学生树立自觉遵守比赛规则的意识。比赛结束后,让学生谈感受,老师点拨,让学生明白怎么做人、怎么做事,培养学生自觉遵守规则的意识。

二、找准顽强拼搏精神的锻炼时机

教师要引导学生学会正确比较的方法,做到自己与自己比。教师要引导学生增强拼搏意识,把每次练习作为锻炼自己顽强拼搏精神的资源,把每次练习都作为挑战自己极限的机会。尤其是速度耐力的练习,是培养学生顽强拼搏精神的最好时机。如进行 300 米计时赛，第一次测试让学生自定时间，目标成绩可以略低一点儿，引导学生全力拼搏体验成功。第二次测试的标准是在第一次成绩的基础上慢 8 秒之内都为挑战成功。每次练习结束时，对于顽强拼搏、挑战成功的同学给予表扬，让学生树立起"拼搏就是成功，挑战自己的极限就是胜利"的意识。

三、找准合作能力的增强时机

小组合作是我在课堂教学中最常用的学习组织形式，也是让学生体验协作、增强合作能力的资源。通过组内的分工合作，在学生完成学习、练习任务的同时，增强学生与他人交流合作的能力。在教学中，尽量采用多人同时进行的比赛方式，如利用两人三足跑、两人背夹球、三人一组的搬运比赛、多足虫竞走等，让学生在体验中提高合作能力。

四、抓住社会责任感的培养时机

有的学生会在课前主动帮老师从器材室拿器材、摆放器材，集合时老师要对这些主动帮忙的同学进行表扬。练习中，学生会有不小心碰倒器材的情况，有的学生会立即把器材摆好或练完一次回来摆放好。一组练习结束时，老师要对恢复器材摆放的同学进行点名表扬，发扬这种主动承担责任的做法。有的同学在下课后能主动帮老师回收器材，老师不仅要当场对这些同学进行表扬，还要在下节课上课时，对这些同学主动负责的行为提出表扬。通过表扬主动负责的同学，引领学生主动承担自己的责任，培养学生的社会责任感。

五、找准正确胜负观的培养时机

教学中教师经常会采用比赛的方式，赢得比赛的胜利是每个人、每个小组的渴望，小组比赛胜利是全体队员遵守规则、共同努力的结果。如果比赛中出现了违反规则的行为，即使成绩是第一名，也要取消其名次，并按照规则作出相应惩罚，引导学生树立正确的比赛胜负观。比赛时，有时也会出现获胜小组同学取笑或侮辱其他小组同学、实力强的同学代替实力差的同学比赛等违规行为，老师要及时纠正他们的错误行为，引导学生树立公平竞争、胜不骄败不馁的比赛观。

课堂教学中抓准塑造学生体育品格的时机，是提高体育课程育人效果的有效路径，更是挖掘体育学科育人价值、提升学生体育学科核心素养的切入点。

老师，你能小点儿声喊吗？

某周五下午第一节课，是六年级（2）班的体育课，主题是快速跑的练习，内容：2个200米、2个50米。在200米跑的练习时，我大声地提醒学生，在最后冲刺时要加大摆臂幅度和抬腿高度。练习结束后，小琪悄悄地走过来对我说："老师，你能小点儿声喊吗？别喊坏了嗓子！"在感谢小琪同学对我关心的同时，我开始思考："我的大喊声，对孩子的练习有作用吗？"

记得《第56号教室的奇迹》的作者雷夫在总结他自己成功的经验时，尤其强调他的第三条经验"放低音量讲话"：在孩子走神时，放低音量、放慢速度，让内容更容易走进孩子的内心。我想，雷夫的教学经验更适合室内的课堂教学。而作为室外课的体育课，与室内的课堂教学有较大的差别。放低音量讲话或停止讲话，比较适合于体育课堂集合时对学生注意力的集中训练，不太适合对学生在练习中的提示。那么，用什么方式能够更好地激发学生全身心投入练习的热情呢？是我的大喊吗？

也不记得是从何时起，在我的体育课堂教学以及学生的各种比赛中，我养成了利用"大声喊"进行提示的习惯。在体育课上，看到学生跑步不认真时，用一声大喊进行提示，有时能够起到一点儿作用。而在足球、篮球的比赛中，对场上队员大喊，多数时候没有作用，甚至会把学生吆喝得不知所措。因为这时候大喊往往是老师看到了学生的问题，声音里面不自觉地就带着指责和埋怨的语气。

我个人认为，体育课堂就是让学生体验到成功、感受到挑战自我快乐的课堂。每项内容练习之前，调动学生主动参与练习的动机，才是激发学生挑战自我、全身心投入练习的关键。魏书生老师说过，每个人都是在为自己的注意力打工。只有把每个学生的注意力引领到"我要挑战自我""我要尽最大努力""我能行"等积极的自我暗示上去，使其专注于练习要求和体验过程，才能更好地激发每个同学的体能和技术学习的潜力。

对学生的优秀练习表现进行的即时评价，需要在20秒内完成，才能提高学生的积极性。许多优秀的足球教练、篮球教练、排球教练，都能够沉着冷静地观察比赛场上的状况，并不失时机地用眼神、手势、口哨等独特的方式，对场上队员的优秀表现给予肯定。这些教练的沉着冷静值得我学习，而他们与场上队员及时互动的良好方式更值得我学习和在教学、比赛中使用。

记得我在参加家庭教育指导师的学习时，老师讲过："教育不是逮住孩子的错事，让他们改正，而是努力去捕捉孩子做的正确的事情，去欣赏。"我认为，这样的教育观点更适用于我们的体育课堂。利用"大喊——欣赏学生的优秀表现"，在对学生优秀行为的欣赏中让学生感受到练习的成功，增强练习的动力，提升学生的能力，增强学生的自信。

"渴望得到他人的关注"，是每个孩子内心深处最真实的需求。在学生距离老师比较远的练习中，用大喊对学生的积极行为进行肯定，不仅能够体现老师对这些同学的关注，也能起到鼓励的作用，还能为其他同学树立正面的榜样。这样的大喊是有价值的，也是需要而且必须存在的。因此，大声、及时地喊出学生的优秀行为，还是需要在我的课堂教学、训练中一直存在下去的。而那些对学生的不满或指责的大喊则要杜绝，取而代之的是小声与之单独交流，进行个别指导，提出具体的练习要求。小声与学生谈不足，不仅能够维护学生的自尊，体现老师对这些同学的关注，还能够增强学生后续练习中的动力和信心。在接下来的练习中，对这些同学的进步也要大声喊出来，让他们感受到成功和老师的关注。

在今后的教学和训练中，我将把"大声讲优点，小声谈不足"，作为对学生评价的一条基本准则。利用"大声讲优点，小声谈不足"，把所有学生练习的积极性都激发起来，让每个学生感受成功，感受老师的关注，让每个学生的能力在老师的"大喊"中不断地提高!

本文发表于 2017 年 1 月《中国学校体育》

输出来的精彩

2016 年,我第一次带领我校女篮社团队员参加淄博市的篮球联赛。作为一所只有五六百人的农村学校,参加淄博市的比赛得到了学校领导的大力支持。当时,我带着为学校争光的想法,想要一举夺魁,却未能如愿。

那天下午,在输掉了与桓台实验中学的一场关键比赛后,我们市比赛之行悄然落下帷幕。虽然我们输掉了比赛,但比赛过程中每一个队员的表现都是非常优秀的。面对最后的结果,队员眼中噙满了泪水,心中充满悲伤。我知道,每个人眼中的泪水,代表着她们对比赛胜利的渴望,对齐陵二中这个集体的一种超强的责任感。作为教练,看到每一位队员为集体负责的积极态度,感到非常的欣慰。

比赛结束时,我主动与对方教练握手,向她们表示祝贺说:"我们已经做得很好了,你们比我们做得更好!"队长也带领全体队员向对方教练、队员致谢,并表示祝贺。随后队长领着队员向我走来,说:"老师,对不起!我们输了比赛。"我对她们说:"输了比赛不是你们的错,没有必要向老师道歉!今天的比赛,我们全力以赴了,输了不丢人!我认为,我们输得很精彩!"接着,我对比赛过程中每个队员的表现进行点评,总结了失败的穰,看到每个队员从开始低头着,到抬起头目光坚定地听我讲,我满心欣慰。我希望借助这场输了的比赛,在每个队员的心中种下"不怕输!全力以赴就是胜利!"的信念。听完我的话,小妍说:"老师,回去我们一定好好训练,明年一定赢她们!"其他队员也一起跟着说:"对,回去好好训练,明年一定赢她们!"从她们坚定的话语中,我看到队员们虽然输了比赛,却增强了通过自己的努力赢得比赛的信心。

回顾本次参加淄博市篮球比赛的整个过程,我的感触是:我们需要提高自己的技战术水平，提高自身的实力。针对本次比赛情况，尤其是我们技术方面的不足作如下简要总结。

1.投篮命中率低。比赛中，篮下多次投篮机会，命中的太少，这是影响我们整个队伍水平发挥的重要因素，也是需要每一个队员重点提高的能力：提高投篮命中率。

2.违例情况较多。一场比赛中走步、翻腕等行为出现多达10次，因为一个动作而丧失进攻得分机会是非常可惜的。这也反映出我们的基本功不够扎实，需要我们接下来重点加强基本技术的练习，提高控球能力。

3.缺少战术配合。尤其是三、四节对方采用联防时，队员们就不知道怎么进攻了。平时训练的战术配合一个都没用上。往后一段时期需要重点解决整体攻防战术配合问题。

4.体能不足。从第三节开始，我方紧逼防守的力度就减弱了，对手的机会越来越多。在今后的训练中体能训练作为重点要全面加强。

这次我们输掉的是比赛，但不是精神！比赛中每个队员身上表现出的敢拼、敢抢的精神，值得我们继续发扬。从这次比赛中我们也找到了不足，以利于我们今后有针对性地进行训练，提高个人能力和整体战术水平，为将来的胜利做好准备。相信我们的队员会做得越来越好！

这节课上"砸"了

为临淄区的骨干体育教师和青年体育教师上的一节"篮球胸前传接球"公开课，上"砸"了！事后，我对这节课进行了深刻的反思。

一、"师本"观念严重，忽视课堂实际生成

敬仲中学史老师在评课中提出的关于练习内容和方式变化的原则，让我对这节课有了一个全新的思考。我在课堂设计时，虽然已经考虑了练习方法和内容的层次性，按照由易到难的顺序设计了两个传球比赛——先是两人一组原地的传接球，再是移动的传接球，但在实际的授课过程中，迫

于时间和设计内容的关系，这两个游戏练习都是草草收场。

临淄区体育教研员谢科长在评课时的一句"这是师本的课堂"，将我从迷茫中惊醒。从接触"生本教育"理念起，我不仅对生本理念的内容进行了细致的学习，还为全区的体育老师做过"生本教育与体育课堂融合"的讲座。我自认为，对生本教育已经理解得比较透彻，课堂也都是围绕学生的需求来设计的，可在实际教学中，还是过于注重完成事先设计的教学环节，忽视了课堂中实际生成的结果。"师本"教育理念还在左右着我的课堂，这也是我个人认为这节课上砸了的主要原因！

二、安全预设不足，忽略安全教育提示

在评课的过程中，金岭回族中学的李老师提到，要加强对学生安全教育的提示。这一点，是我上完这节课最大的收获之一！在我的理解中，这节课的内容是篮球的传接球，没有太激烈的身体对抗，应该不会存在什么安全隐患，因此在上课的过程中，就没有对学生进行安全方面的提示。结果在"运动自主餐"的环节中，有一位同学在练投篮时，被其他同学的球打到脸。虽然没有伤害事故的出现，也惊出了我一身的冷汗，让我真正地认识到，强调安全对于体育课堂教学来说，是多么的重要！

三、教材研究不够，重点难点把握不准

虽然传接球技术的教学是传球和接球同步进行的，但我个人认为，在篮球传接球技术的教学中，接球技术是教学的重点，也是难点。因此，在这节课的设计中，我把接球的技术教学作为本节课的重点和难点。在准备活动中，徒手操和球操的设计，都是以缓冲用力的接球技术为主。然而，从与老师的交流和老师的评课中，我才知道大多数老师都认为我这节课的重点是传球技术的教学。

四、场地设计欠妥，不利于指导和评价

在评课中，有的老师指出练习时教师对各小组指导不到位，也有的老师给出的建议是调整场地安排。我也不断思考这个问题，篮球胸前传

接球采用四列横队两人一组的练习队形，时常会因学生误传而发生互相干扰的问题。为避免上述问题发生，我拉大了小组之间的距离。这样一来，52名上课学生分组练习，占用了整整两个篮球场！但是学生的分布面过大，也导致老师难以关注所有小组的练习细节。所以对每个练习环节的评价就流于表面，浮于形式，缺少针对性！如果采用圆形或扇形的练习队形，学生就不至于太分散，老师比较容易掌握每个小组的练习情况。教师个人语言的煽动力是课堂成功的保障，需要教师用丰富、生动、简洁、有力的课堂语言，在大场地体育课中调动学生参与练习的热情。

我个人认为，这是一节改进空间比较大的公开课。从评课中，我看到了不足，也找到了自己在课堂教学中需要改进的地方。相信今天的不足，也将会成为我成长的起点！最后，我要感谢各位同行对我的包容，更感谢各位同行提出的宝贵建议！感谢谢科长对我的信任，更感谢那些令人醍醐灌顶的建议！路漫漫其修远兮，我将与各位同行一起不断探索前行！

有温度的体育课堂

空气的温度、水的温度、人体的温度可以用温度计来测量。我经常在思考，课堂教学是否也可以用温度来衡量？如果可以，这个标准是什么？

在观摩许多体育老师的课堂后，发现一个比较有趣的现象：有些老师的课堂中，每当老师提出一个问题，学生争先恐后地举手，踊跃积极，课堂上充满活力、温暖的感觉；有些老师的课堂中，面对老师的提问，学生闻而不动，几乎没有人举手，最后老师都是通过指名硬派的方式让学生来回答问题，课堂上死气沉沉，充满了冰冷的感觉；有些老师的课堂中，老师几乎都是自问自答，学生恹恹欲睡，无精打采……

为什么会出现如此巨大的差异呢？是什么原因造成了这种现象呢？在认真分析各位老师在课堂上与学生的互动方式后，我找到了问题的答案：老师与学生互动交流的语气和态度，导致了课堂温度差异。老师经常对学生鼓励和欣赏的课堂中，学生表现积极，课堂活跃；老师经常对学生进行批评、训斥、指责的课堂中，学生的表现是缩手缩脚；在缺少师生交流互动的课堂中，学生就会心不在焉，产生"学习与我无关"的心理。

每个人与他人交流的话语中都包含了自己的情绪，老师与学生在课堂上的交流也不例外。我们都知道，每个人的语言中是带有能量的，人与人之间的交流就是一种能量的流动。在他人的鼓励中可以更有信心和力量，在批评中会丧失斗志，在漠视中会产生卑微，变得消沉。多数的体育老师比较严厉，因此，老师的语气就决定了课堂的温度。我个人认为，可以用老师与学生交流的语气，对课堂教学的温度进行相对的界定：充满批评指责的课堂属于零下温度的课堂；缺少师生互动，不温不火的课堂属于零度的课堂；而充满对学生鼓励和欣赏的课堂属于零上温度的课堂。师生之间互动的温度，会影响学生学习的效果。毫无疑问，充满老师鼓励和欣赏的有温度的课堂，更容易点燃学生的学习激情，促进学生内生力的增强，这种环境下的学习也一定是高效的。

分析"课堂温度形成差别"，其关键在于：学生回答问题时，尤其是回答不正确时，老师对于学生的评价。在有温度的课堂中，老师关注的是学生能做到的、可控的行为，是对"人"的关注，不是问题答案是否与标准答案一致。每个学生都渴望得到老师对自己的肯定。当学生回答不正确时，可以"表扬学生的勇气、独特的思考角度、响亮的声音、流畅的语言、优雅的手势"等，让学生感受老师对他的关注、对他的爱和鼓励。相反，在温度偏低的课堂中，老师关注的是答案的正确与否，是对"知识"的关注。有温度的课堂是充满人性、充满情感关怀的课堂。有温度的课堂更加适合学生的主动学习，更有利于增强学生内在生长的力量。教师是课堂教学的主导者，显而易见，课堂教学温度的决定权在于老师。体育老师针对学生的优秀行为、进步作出有效的评价是促进课堂温度提升的关键。

在用温度表达课堂教学的基础上，再将"老师对学生的爱"用温度来界定。课堂是老师育人的主阵地，教与学是师生之间的互动方式，知识是师生间互动的媒介，爱学生是老师的天性，师生的互动传递着老师对学生的爱，简称师爱。鉴于以上对课堂教学温度界限的划分，也可以将师爱划分为零下师爱、零度师爱、有温度的师爱三种境界。

每一位老师都希望让每一位学生感受到老师对他们有温度的爱。这就需要体育老师提升自己对学生鼓励和欣赏的能力，做好课堂的有效评价，捕捉学生优秀表现、进步表现并进行积极的肯定，让自己的课堂成为有温度的课堂，更有助于学生良好体育锻炼习惯的养成。

阳光与健康共舞

我的 QQ 昵称是"健康领跑者"，而当好健康领跑者，是我个人自参加工作以来对自己的要求，也是专业发展的奋斗目标。"带着微笑上操场，面对学生有阳光"，是我近几年对学校"创阳光校园，做阳光教师，育阳光学生"办学理念的解读和实践。

还记得那是十多年前，聆听了秦泗胜老师《阳光的心态与健康的身体共舞》报告。当看到这个报告的题目时，我就有一种亲切感，因为"阳光"一词与我们学校的文化高度相关。秦老师结合自己的实践经验，从对阳光心态的思考、健康价值观以及二者的共舞、各种公开课的设计、业余训练中技术动作机理的研究四个方面，进行了详细的讲解。我认为，秦老师不仅是一位体育教学的实践者，更是一位研究者。阳光的心态，是秦老师对待体育教学的态度，更是他深入地研究体育教学、研究教材、创新教法的源泉。他对教材和各种技术动作机理的深入研究，让我惊叹，我在心中为秦老师竖起了大拇指。

从秦老师的报告中，我感受到了他对体育工作的热爱。他对教材进行深入研究的态度，深深触动了我的心灵。扪心自问，虽然我对自己的要求很高，也喜欢反思自己的教学，也喜欢教学方法的创新，但我意识到：我对教材的研究还远远没有达到秦老师的研究境界。在教材研究方面，我不仅缺少对教材深入研究的方法，还缺少对教材深入研究的方向。

也是从那时起，我便把秦老师作为今后工作和学习的榜样。听完报告后我一直在思考，我与秦老师的差距在哪里？秦老师之所以拥有如此多教法的创新，是因为他对各类教材和每个技术动作原理的深入研究。

经常听各级领导在开会时提到，要认真地钻研教材。我也自认为，对于各类教材都能够很好地把握。与其他体育老师相比，我虽没有强项，也没有一项短板。对于任何一项技能，我都能够拿得起、放得下，得到了许多同行的认可，于是心中便有一种飘飘然的感觉。虽然我在课堂教学中也注重对学生心理的研究，但与秦老师相比明显还有很大的差距，我对学生的研究还只是停留在表面，没有深入地去研究学生的需求。对各种运动技术原理的研究更是少之又少，这也为我今后课堂教学研究提供了方向和方法。

从秦老师的身上，我看到差距，经过思考，我找到了奋斗目标和努力方向，决定从以下三个方面做起。

一、心态阳光，深入了解学生

老师对待工作的态度，会对学生产生深度的影响。用自己积极的态度、阳光的心态，关心学生，平等地对待每一个学生，营造轻松愉悦的课堂教学氛围，融洽师生关系。多与学生交流，了解学生的运动需求、兴趣点、恐惧的地方，为自己的教学找准问题解决方法。用好小组合作学习，让学生体验团队合作的乐趣，体验到体育学习的成功，带领学生健康成长。

二、深研教材，促进教学创新

对于教材，不仅研究重难点，还要加强动作原理的研究。在深入研究的基础上，通过改变规则、改变练习方法，设置难度递升的练习等级，让学生在逐级练习中，体验到成功，激发学生兴趣，从而促进自己教学创新和能力提升。

三、了解需求，激发体育兴趣

每个孩子都渴望得到老师对他的肯定和赞赏。在学习和练习中，发现学生积极的态度、优美的动作、学习的进步、精彩的配合时，要及时进行肯定和表扬，让每一个孩子感受老师对他的关注，深度激发学生的体育兴趣。

我要像秦老师一样，带着阳光的心态去研究教材、研究学生、研究教学，用阳光的心态去引领学生、影响学生、鼓舞学生，以提升学生体育学科核心素养为抓手，关注学生的情感体验，激发学生的体育兴趣，让阳光与健康共舞，引领学生带着阳光的心态健康成长！

第四辑
实践成果的积累

实践成果的积累包含两个要素：教学实践的案例和研究成果的积累。教学实践的案例，是促进教师专业能力提升的磨刀石。研究成果的积累，是促进教师专业成长的重要渠道。

　　滴水穿石，不是因其力量，而是因其坚韧不拔、锲而不舍。

——拉蒂默

　　伟大的成绩和辛勤劳动是成正比的，有一分劳动就有一分收获，日积月累，从少到多，奇迹就可以创造出来。

——鲁迅

第十一章　教学实践的案例

教学实践的案例，是促进教师专业能力提升的磨刀石。公开课、优质课、一师一优课、教学能手评选等为老师提供了磨砺自己、提升专业能力的机会。课堂教学评优的形式包括说课、上课、模拟课堂，而这三种形式都具有各自独特的规范。

"跨越式跳高"说课稿

各位评委：

大家好！很高兴能有这么一次机会与大家交流体育教学，谈谈自己对体育教学的理解，不当之处恳请大家指正。

我说课的内容是七年级"跨越式跳高"，通过设置"鲤鱼跃龙门"的情境来组织本课的教学。下面我从六个方面对本课的设计进行阐述：

一、设计思路

本课的设计，以促进学生核心素养提升为目标，主要解决以下四个方面的问题：

1.趣味性。运用情境游戏、比赛提高学生课堂参与的积极性，让学生体验到成功和快乐。

2.实效性。经过一节课的学习后，学生在知识、技能、情感、合作等方面要有所收获。

3.控制好运动负荷。在各项练习中，学生的运动负荷要适度。

4.德育渗透。在练习过程中，通过小组合作、挑战自我来培养学生良好的意志品质。

　　解决了以上四个方面的问题，才能把"健康第一""在快乐中学习""在探究中创新"的教育理念落实到我的教学中。

　　本课的教学，紧紧围绕跨越式跳高的学练，根据学生的心理特点，创设"鲤鱼跃龙门"情境来进行。教学过程中设计了"鲤鱼热身""鲤鱼学艺""鲤鱼跃龙门""鲤鱼健身"四个教学环节。利用小组合作教学，让学生发现和理解技术动作，明白道理，掌握技能，把"懂、会、乐"三者有机地结合起来，引领学生在学习中体验快乐，在合作中体验成功，在创新中得到提高。

二、教材和学生情况分析

　　本课是跨越式跳高教学的第一次课，让学生明确自己的起跳腿和掌握跨越式跳高的起跳过杆动作是本课的重点，让学生果断地向上快速起跳是本课的难点。七年级的学生，在小学阶段的学习中，已经对跨越式跳高有了初步的了解，对于跳高的学习具备了一定的基础。有的学生在小学阶段可能参与过学校运动会的跳高比赛，这些学生就是我的教学小帮手。学生竞争意识和好胜心比较强，只要一组织比赛，他们的积极性就很高。在组织教学的过程中，通过评选优秀小组、挑战自己高度极限的方法，提高学生练习的积极性。

三、教法和学法

1.教法：讲解示范法、小组合作学习方法。
2.学法：观察法、模仿练习法、小组评价法。

四、教学目标

1.知识目标：了解跨越式跳高的技术环节；确定自己的起跳腿，掌握起跳过杆动作要点。
2.能力目标：学生掌握正确的起跳过杆动作，提高跳跃能力。
3.情感目标：体验成功的乐趣，培养勇敢、自信品质。

五、教学过程

（一）导入（1分钟）

首先，播放《小鲤鱼历险记》主题曲，并提问："小鲤鱼和鲤鱼奶奶小时候最喜欢的游戏是什么？"学生回答："跃龙门。""这节课老师带领大家进行跃龙门的跳高技能练习。"将学生引入本课学习的内容。

（二）鲤鱼热身（8分钟）

教师带领学生一路纵队先进行单脚起跳头顶球练习，再进行徒手操练习。

（三）鲤鱼学艺（10分钟）

小组合作体验学习跨越式跳高动作；教师讲解示范跨越式跳高的完整动作；上一步起跳练习；上三步起跳练习；完整过杆动作练习。

（四）过龙门练习（8分钟）

根据设置的不同横杆高度依次跳过。在哪个高度上过不去时，再进行第二次跳跃，只有跳过这个高度以后，才能进行下一个高度的练习。

（五）鲤鱼健身（10分钟）

组织单腿跳接力游戏，提高学生的下肢力量和跳跃能力。

（六）恢复身心（4分钟）

组织学生进行放松练习，并对本课中表现优秀的个人和小组进行表扬。

六、练习密度

本课的练习密度预计能够达到28%。

"篮球行进间投篮"说课稿

各位评委：

大家好！我说课的题目是七年级"篮球行进间投篮"。下面我从七个方面对本课的设计进行阐述。

一、指导思想

本课的设计以《义务教育体育与健康课程标准》为依据，坚持"健康第一"的指导思想，以促进学生体育核心素养提升为目标。针对学生对体育课"好玩、有用"的运动需求，选用难度逐步递升的四种两人配合练习，为学生提供锻炼合作能力、体验学习成功的机会，营造合作学练、公平竞争的良好氛围，提升学生合作意识和能力，提高学生对篮球的兴趣。

二、教材、学情分析

篮球运动是学生最喜爱的运动项目之一，具有很好的健身性和娱乐性，可以发展学生的力量、速度、耐力、灵敏性等综合身体素质。投篮练习更是学生最喜欢的内容之一，本课选用的行进间高手投篮，是篮球技术中一项最基本的行进间投篮技术，由运球和上篮组合而成，是学习其他行进间投篮技术的基础。七年级的学生篮球水平差距很大，有的学生在小学参加过篮球训练，有的学生还没接触过篮球，技术掌握得不规范，但学生接受能力较强。因此，教师采用学生教学生、分层教学等方式，将行进间动作进行分解，降低学习难度，使学生尽快学会动作。用小呼啦圈代替篮圈，可以增加学生练习次数，提高学生投篮命中率。

本课是行进间投篮的第1次课，因此本课的重点是：正确脚步动作的学习，跨步接球，一大二小三高跳。难点是：把握跨步接球的时机。

三、教学目标

1.知识目标：了解行进间投篮的三步节奏和带球走的违例规则。
2.技能目标：一级，抱球完成行进间的三步动作；二级，运一次球完成正确的投篮动作；三级，在连续运球后跨步接球完成投篮动作。
3.情感目标：体验与同伴合作、与其他团队竞争的乐趣。

四、教法和学法

1.教法：讲解示范法、表扬鼓励法、比赛练习法、变换练习法。
2.学法：观察法、模仿学习法、互助学习法、比赛法。

五、教学过程

（一）准备部分（10分钟）

主要任务：提高学生的球性，使学生身体达到良好的状态。

1.体委整队，报告人数，师生问好，教师宣布课程内容，并说明本课中我们的约定：看到学生优秀的表现，老师就与他击掌，并告诉他，他哪里做得好。

2.音乐引领运球跑动，音乐停止快速作出"三威胁姿势"，培养学生的规则意识。

3.篮球操：（1）上肢运动；（2）体转运动；（3）腹背运动；（4）弓步压腿；（5）举球投篮练习；（6）高抬腿左右摆球。

4.辅助性练习：（1）运1次球抱球练习；（2）抛球落地反弹后接球；（3）抱球三步脚步练习。

（二）基本部分（30分钟）

主要任务：学习行进间投篮技术动作，提高身体素质。

1.学习行进间投篮。

（1）让学生根据自己的理解进行三步上篮体验练习2~3次，老师寻找教学助手。

（2）教师讲解示范行进间上篮（要领、应用）并介绍带球走规则。

（3）4人一组，先徒手练习3~5次，再练习手持球三步上篮投球6~8次。

（4）运1次球，右脚跨步接球投篮8~10次。

（5）自己运球多次上篮练习。

（6）运球投篮积分赛。脚步动作正确并进球得2分，动作正确球未进得1分。组织学生进行比赛2~3次。

（7）从规定位置开始运球，2分钟计时投篮，比进球次数。

老师巡回指导，看到学生优秀的行为就与之击掌，尽可能找到每个学生的进步点。

2.素质练习（2~3组）。

俯撑动作两手交替拨球练习10次；俯撑两人一组互换球练习15次。

（三）结束部分（5分钟）

1. 用球引领学生进行静力拉伸练习，达到让学生放松的目的。
2. 统计老师与同学击掌的人数，让学生说出老师为什么与他击掌。
3. 老师总结本课学生整体的学习情况。
4. 师生再见，组织学生整理收还器材。

六、场地器材

篮球 40 只，自制投篮练习器材 1 套，录音机 1 套。

七、效果预计

练习密度在 45% 左右，最高心率 140 次/分钟左右，平均心率 130 次/分钟左右。

"蹲踞式跳远" 说课稿

各位评委：

大家好！今天我说课的课题是"蹲踞式跳远"，下面我从以下八个方面对本课的教学设计进行阐述。

一、指导思想

本课的设计以《义务教育体育与健康课程标准（2011）年版》为理论依据，坚持"健康第一"的指导思想，以促进学生体育核心素养提升为目标，针对学生对体育课"好玩、有用"的运动需求，在教学中一是运用游戏和比赛、二是创新辅助练习方法、三是对学生优秀行为进行正面评价，通过降低学习难度，让学生感受到学习的成功，激发学生学习的内部动机，培养学生对体育学习的兴趣。

二、教材分析

跨跳动作是在日常生活中经常用到的一种活动形式。蹲踞式跳远是跨跳动作的规范化技术，是跳远中最基础的技术方式。它的技术要求不高、简便易学，具有一定的挑战性和趣味性，是学生比较喜爱的田径项目。蹲踞式跳远的完整技术包括：助跑、起跳、腾空、落地四个部分。

助跑和起跳相结合是本节课教学的重点和难点。助跑和起跳良好的结合，有利于学生更好地掌握完整技术，进而提高跳远的远度。

三、学情分析

八年级的学生对于跳远项目并不陌生，在小学和初中阶段的运动会上看到过，有的还参与过。学生的模仿能力强，喜欢有趣、好玩、有自主活动空间的课堂教学方式，希望得到老师对他们的认可。在本课的教学中，我采用"我们的约定"——对学生优秀的行为进行评价，并与之击掌；在巡查指导的过程中，尽可能地关注到每一名学生。让学生感受到老师对他的关注，让他们感受到自己的成功和进步，从而调动学生学习的动机，使学生积极主动地参与到学习中。

四、学习目标

1.知识目标：了解蹲踞式跳远技术由助跑、起跳、腾空、落地四个部分组成。

2.技能目标：明确自己的起跳腿，能在快速跑动中完成蹲踞式跳远的完整动作。

3.情感目标：能够果断踏跳，体验自己跳远学习的成功，能够对同伴的动作做出正确的评价。

五、教法和学法

1.教法：讲解示范法、体验式教学、表扬鼓励法、比赛练习法、变换练习法。

2.学法：体验学习法、观察法、模仿学习法、互助学习法、比赛法。

六、教学过程

（一）准备部分（10分钟）

1.体委整队，报告人数，师生问好，教师宣布课程内容，并说明本课中我们的约定：看到学生优秀的表现，老师就与他击掌，并告诉他，他哪里做得好。

2.老师带领学生一路纵队围绕摆放的小垫子进行慢跑，并组织"抢垫子"快速反应游戏。

3.组织学生先跨越横向摆放的小垫子，找到自己的起跳腿。

4.徒手操：(1) 转肩；(2) 体转；(3) 腹背；(4) 弓步压腿；(5) 吸腿跳（深蹲提膝）。

5.专门性练习：(1) 直腿坐变屈腿；(2) 俯撑收腿跳；(3) 收腿跳。

(二) 基本部分（30分钟，学习蹲踞式跳远动作，愉悦身心）

1.体验练习：跨越横向摆放的两个小垫子，双脚落于大垫子上，2~3次；并让学生挑战纵向伸开的小垫子和竖起的小垫子，提高跨越的高度和难度，6~8次。

2.老师进行蹲踞式跳远动作示范。让学生回答跳远的四个组成部分，帮助学生形成蹲踞式跳远的完整技术动作概念。动作要领：助跑速度快，踏跳要有力；两腿屈膝收，空中成蹲踞；两臂配合摆，屈膝轻落地。

3.先组织学生进行1步起跳—收腿—双脚落地练习3次，再组织学生进行2步、4步助跑起跳—收腿—双脚落地练习各2~3次。（教学重点、难点的突破）

4.组织学生用6步或8步助跑进行完整动作分组练习5次。老师巡回指导，及时点评学生练习表现，小组内的同学互相学习指导。

5.竖起不同高度的小垫子作为提高起跳高度的辅助练习，比比自己是不是比上一次跳得远，8~10次。

6.邀请优秀学生进行完整动作展示。让学生对比自身练习情况，改进技术动作，进一步激发练习热情，努力练习。

7.身体素质练习：每项2组。(1) 仰卧对角交替触膝练习15次；(2) 动态支撑：俯撑—平板支撑转换10次。

(三) 结束部分（5分钟）

1.静力拉伸练习，达到放松的目的。

2.让学生统计与老师击掌的人数，并说出老师为什么与学生击掌。

3. 老师总结本课学生整体的学习情况。
4. 师生再见，组织学生整理收还器材。

七、课堂效果预测

预计本课学生的练习密度达到35%。

八、场地器材

大体操垫10块，小体操垫20块。

"教你学会青年拳（起势和1~2动）"说课稿

各位评委：

大家好！今天我说课的课题是"教你学会青年拳（起势和1~2动）"，下面我从八个方面对本课的教学设计进行阐述。

一、指导思想

本课的设计以《义务教育体育与健康课程标准（2011年版）》为依据，坚持"健康第一"的指导思想，以促进学生体育核心素养提升为目标，根据学生对体育课"好玩、有用"的需求，运用游戏和比赛，激发学生参与学习的积极性。根据学生的武术基础，合理分解教材，设计难度递增的学习，让学生体验到学习的成功，激发学生参与学习的动机，引导学生学会观察，体验合作，促进学生身体与思维的同步发展。

二、教材分析

武术是初中体育教学的重要内容，是我国传统的体育项目之一。本课目标是学习青年拳起势和第1、2动定势动作。青年拳属于长拳套路，本课所学的6个定势动作中有弓步、虚步、马步三种步型，拳、掌、勾三种基本手型，动作难度不大。但要把定势动作做到步法稳健、眼随手动、舒展有力，展现武术的精气神，就需要进行长期反复的练习。

本课是青年拳学习的第1次课。通过学习，能让学生知晓武术手型和步法，为今后的武术学习做好准备。同时，发展学生的力量、柔韧、灵敏等身体素质，激发学生民族自豪感，培养吃苦耐劳的品质。搭配教材游戏"超低空飞行"。学生在团队协作参与中，养成了规则意识，领悟了如何与他人合作，提升了合作意识和能力。

三、学情分析

本课的授课对象是七年级学生，武术基本功比较差，多数学生几乎是零基础，但他们模仿能力强，敢于表现自我，有一定的自我学习和合作学习的能力。提到武术，学生一开始往往非常喜欢，但在教学中如果只是单纯反复地进行定势动作的练习，学生会感到枯燥，容易失去兴趣，很难达到预期的目标。

因此在教学中，采用游戏、设计难度递增的学习和对表现优秀的同学及时鼓励等方式来激发学生的练习兴趣。

四、教学重点、难点

鉴于以上对教材和学情的分析，确定本课的教学重点：6个定势动作的正确手型和步型。教学的难点：定势动作突停用力、眼随手动。

五、教学目标

1.知识目标：掌握本课所学6个动作的名称、路线；了解抱拳礼的含义和使用的时机。

2.技能目标：在口令提示下做出本课所学6个定势动作；发展学生协调、灵敏身体素质。

3.情感目标：能使用抱拳礼表示对他人的尊重；体验如何与本组成员进行团队协作。

六、教法和学法

1.教法：讲解示范法、表扬鼓励法、小组比赛法。
2.学法：观察法、模仿学习法、小组合作学习法。

七、教学过程

（一）开始部分（2分钟）

主要任务：学习抱拳礼，激发学生对武术学习的积极性。

首先以"成龙、李小龙的共同点"进行课堂导入，激发学生对武术学习的积极性，宣布学习内容和目标。然后讲解抱拳礼，让学生了解武术中的礼仪。老师进行青年拳第一段动作的完整展示，进一步激发学生的学习兴趣。

（二）准备部分（10分钟）

主要任务：游戏热身进一步激发学习兴趣，进行手臂、步型组合练习，为青年拳的学习做好铺垫。

首先，讲解"喊数抱团"升级版游戏，"拳、掌、勾"代表不同的数字。其次，学生在进行慢跑参与游戏热身的同时，对"拳、掌、勾"三个基本手型有一个初步的认识。最后，把本课学习的青年拳定势动作进行分解，形成两节手臂组合练习、两节脚步变化组合练习。学生在进行武术基本功练习的同时，不仅能够熟悉本课所学的手型变化、步型变化，也为后面定势动作的学习做好铺垫。

（三）基本部分（23分钟）

主要任务：青年拳的学习；参与"超低空飞行"游戏，体验团队协作。

1.青年拳的学习。首先让学生根据板羽拍上的图示进行小组自学，并完成两个自学任务：（1）记住6个动作名称；（2）每个定势动作做3遍。由于在准备部分的组合动作练习就是6个定势动作的分解，也为本课重点和难点的突破埋下了伏笔，小组合作自学后的展示，多数学生能够做出6个定势动作。

接下来，老师进行每个定势动作的讲解示范，再组织学生跟随口令练习，再点拨学生眼看的位置和突停发力练习，再进行各组优秀学生展示，最后集体展示。老师在巡回指导时要对学生进行鼓励。通过难度逐步递升的学习，学生比较容易学会这6个定势动作。同时，这些练习也是对青年拳学习重点和难点的突破。

2."超低空飞行"游戏，充分给各小组体验团队协作的空间。

老师讲解游戏规则，让小组讨论取胜策略，给予学生思考、创新的机会。组织比赛前，强调规则，组织第一次比赛，宣读每个小组的成绩。再让小组进行取胜策略的讨论或调整，争取超越第一次的成绩或超越其他小组。两次比赛结束后，组织学生谈参与体会，让学生领悟"如何做人、如何做事、如何与他人合作"，完成德育教育的渗透。

（四）结束部分（5分钟）

主要任务：放松紧张肌肉，放松紧张的心情。

1.带领学生进行拉伸放松练习：（1）拍打操；（2）前压腿；（3）后折腿。

2.点评本课中表现优秀的学生和小组，回顾本课青年拳定势动作名称，尤其加强步型和腿部力量的练习。

3.送还器材，师生互道再见。

八、预计课堂效果

练习密度能够达到38%～40%；学生心率在每分钟120～130次。

"脚背内侧踢定位球"说课稿

各位评委：

大家好！今天我说课的内容是八年级"脚背内侧踢定位球"，下面我从八个方面进行阐述。

一、设计理念

以《义务教育体育与健康课程标准（2011年版）》为依据，坚持"健康第一"的指导思想，以提高学生体育核心素养为目标，以"健康三维观"为准绳，本着求实、拓宽、创新的思路来展开。通过体育谜语导入本课的学习内容，学习过程中通过游戏引导学生主动参与，让学生在与同伴团结协作中体验成功的乐趣，突出学生之间的"帮、带"作用。设立素质游戏：蚂蚁搬运接力，让学生在游戏中提高上肢和腰腹力量，激发学生的体育学习兴趣。

二、教材分析

本课选用的主教材是脚背内侧踢定位球。脚背内侧踢球在比赛中是一种常用的传球和射门方式，是整个初中足球教学的重要技术，也是八年级足球教材中的一项重点内容。本课的组织教学是在七年级学习了脚背正面踢球的基础上进行的。

由于脚背内侧踢定位球是新授内容，所以作为本课的重点教学内容。另外，受到场地、器材的限制，学生的练习次数不会太多，因此我将完整的脚背内侧踢定位球技术动作分成2节课进行组织教学。本课是学习脚背内侧踢球的第一次课，因而，我将支撑脚准确的选位和正确的击球部位，作为本课学习的难点。

在学习和练习中学生通过互相观察，寻找脚背内侧踢球与脚背正面踢球支撑脚的滚动方式和选位的区别。充分发挥4个学习小团体中优秀学生的带头作用，以突破本课的教学难点，达到本课的预期教学目标。另外，搭配蚂蚁搬运接力游戏，让学生在游戏中增强上肢和腰腹力量。

三、学情分析

八年级的学生正处于生长发育的关键期，他们模仿能力强，有强烈的表现欲。他们已经具备了较强的运动能力，大部分男同学对足球有一定的基础，女同学基础差一些，也会有部分学生不愿意活动，对练习可能会产生抵触情绪。根据学生的这一特点，我在课前分组时根据学生以往的学习情况对学习小组进行了调整，每个小组中都有优、中、差三类学生。采用练习一帮一办法，充分发挥优秀学生的"帮、带"作用，激发不同层次学生的运动激情，达到预期的教学目标。

四、教学目标

1.知识目标：知道正确的触球部位，了解脚背内侧踢球的动作要点。

2.技能目标：能够用脚背内侧将固定球踢出空中球；积极完成蚂蚁搬运接力练习任务。

3.情感目标：在练习中，体验与同伴团结协作、互相配合的乐趣。

五、教法和学法

1.教法：情景教学法、情绪激励法、师生互动教学法以及示范法、游戏法、纠错法等。

2.学法：结合教学内容及学生特点，本课主要采用讨论学习法和游戏竞赛法。

六、教学过程

（一）收心热身阶段（10分钟）

通过谜语"马娘娘离宫"足球术语导入到本课的学习内容。带领学生进行各关节的活动后组织运球游戏。

（二）增智促技阶段（25分钟）

1.脚背内侧踢定位球的学习。（18分钟）

（1）体验练习。组织各组进行"看谁踢得准"射门练习，提高学生的练习积极性。

（2）教师讲解示范。学生观察老师示范动作，讨论脚背内侧踢球与脚背正面踢球支撑脚的滚动方式和选位的区别。另外，明确脚背内侧踢定位球的要点。

（3）组织一人踩住球，一人踢球练习。引导学生做好支撑脚的选位、用正确部位触球。

（4）两人一组，间距15米进行脚背正面内侧踢空中球练习。老师巡回指导。

（5）射门比赛。各小组长带领本组队员到指定区域学习。游戏规则：先快速运球，到指定区域后进行射门（设立守门员），每人1球为一轮，进1球得1分，积分多者获胜，负队蹲跳8次。

2.素质游戏：蚂蚁搬运接力。（7分钟）

以4人为一小组，搬运者面部向上用两手两脚着地，将足球放于腹部，在 10 米距离内往返搬运，先完成的为胜队。

（三）恢复身心阶段（3 分钟）

组织学生进行拉伸放松，对本课中脚背内侧踢定位球的学习情况及素质游戏中学生表现进行总结反馈。

七、场地器材准备

足球 2 人一个。

八、效果预计

练习密度在 25% 左右，最高心率 140 次 / 分钟左右，平均心率 130 次 / 分钟左右。

"脚背内侧传球"说课稿

各位评委：

大家好！今天我说课的内容是六年级"脚背内侧传球"，下面我从八个方面进行阐述。

一、指导思想

本课的设计以《义务教育体育与健康课程标准（2011 年版）》为依据，坚持"健康第一"的指导思想，以提升学生体育核心素养为目标。针对学生对体育课"好玩、有用"的运动需求，选用难度递升的 4 种两人配合练习，为学生提供锻炼合作能力、体验学习成功的机会，营造合作学练、公平竞争的良好氛围，提升学生合作意识和能力，提高学生对足球的兴趣。

二、教材分析

脚内侧传接球是足球运动中最基本的技术，在比赛中运用得最多，主要用于传球和射门，是足球基本技术中的重点教学内容。掌握脚内侧传接球技术，对提高学生综合运用技术能力、体验足球比赛的攻防对抗十分重要。

三、学情分析

校园足球已在我们区所有学校进行普及，六年级的学生都有参与足球学习的体验和经历，有的已经较好地掌握脚内侧传接球的动作。学生模仿能力强，他们喜欢有趣、好玩、有自主活动空间的教学方式，希望得到老师对他们的认可。在本课的教学中，我采用"我们的约定"——对学生优秀行为进行点赞评价，并与之击掌。在巡回指导的过程中，尽可能关注到每一名学生。老师要能够从学生的错误和失败中找到可欣赏的点，营造敢于尝试、不怕失败的课堂练习氛围。让每个学生都感受到老师的关注，感受到自己的成功和进步，调动学生学习的内部动机，使学生主动地参与到各项练习中。

鉴于以上分析，把本课教学的重点确定为：两人配合的传接球技术的运用。无论是踢定位球还是滚动球，支撑脚的选位是学生比较难掌握的，因此，把支撑脚的选位作为本课教学的难点。

四、学习目标

1.知识目标：了解脚内侧传球的4种练习方式。

2.技能目标：与同伴积极配合，利用脚内侧传接球完成4种练习方式。

3.情感目标：与同伴积极配合，体验与同伴配合的乐趣。

五、教法和学法

1.教法：讲解示范法、表扬鼓励法、比赛练习法、变换练习法。

2.学法：观察法、模仿学习法、互助学习法、比赛法。

六、教学过程

（一）准备部分（10分钟）

1.体委整队，报告人数，师生问好，教师宣布课程内容，并说明本课中我们的约定：看到学生优秀的表现，老师就与他击掌，并告诉他，他哪里做得好。

2.追击运球游戏：4人一组，围绕4个标志进行，先跑完两圈即为胜。

3.无球合作跑练习：(1)向前跑—快速后退跑；(2)向前跑跳起空中击掌—到对面同学位置后快速返回，比快；(3)拉伸练习、转髋练习。

(二) 基本部分（30分钟）

1.原地两人传接球练习，组织30秒传球比多练习2～3次。老师要提示学生注意支撑脚的选位。

2.运传结合练习：运球到达往返地点后传给同伴。(1)老师进行练习的讲解示范；(2)组织学生进行5～8次练习；(3)组织每人5次往返比快练习2次。提示学生注意支撑脚的选位。

3.胯下传球转身跑动停球回到自己原来位置练习：(1)老师进行练习的讲解示范；(2)组织学生进行8～10次练习；(3)组织2分钟比赛。提示学生注意支撑脚的选位。

4.运球—拉球—拨球—传给对面同学练习（4人一组）：(1)老师进行练习的讲解示范；(2)组织小组练习10～12次；(3)组织小组快速完成12次比赛练习。提示学生注意支撑脚的选位。

5.素质练习：仰卧起坐传接球练习10次，每人两组。

(三) 结束部分（5分钟）

1.用球引领静力拉伸练习，达到放松的目的。

2.统计同学中与老师击掌的人数，让学生说出老师为什么与他击掌。

3.老师总结本课学生整体的学习情况。

4.师生再见，组织学生整理收还器材。

七、场地器材

足球20只，标志40个。

八、效果预计

练习密度在38%左右，最高心率140次/分钟左右，平均心率110次/分钟左右。

"数字莲花耐久跑"说课稿

各位评委：

大家好！今天我说课的内容是七年级"数字莲花耐久跑"，下面我从七个方面进行阐述。

一、指导思想

本课的设计以《义务教育体育与健康课程标准（2011年版）》为依据，坚持"健康第一"的指导思想，以促进学生体育核心素养的提升为目标。针对学生对体育课"好玩、有用"的运动需求，通过合作图形跑、团队协作游戏，引导学生在练习中合作，消除学生对耐久跑的恐惧，激发学生对耐久跑的兴趣和参与意识。

二、教材与学情分析

耐久跑是学生体质健康和中考必测项目。经常进行耐久跑的练习，不仅能够促进学生的心、肺功能和血液循环系统的发展，还有利于学生坚韧、顽强等良好意志品质的形成。

耐久跑是学生非常不喜欢的项目。为什么学生不喜欢这个项目呢？是学生怕苦、怕累吗？主要是因为一提到耐久跑学生就想到跑圈，容易使学生产生厌烦心理。学生并非不喜欢这个项目，而是不喜欢单调枯燥的练习方式。在耐久跑练习中加入一些新颖的练习方式，学生练习的积极性也会非常高。

本课采用"数字莲花图形跑"和团队协作游戏"超低空飞行"，引导学生积极参与到练习中。

本课的重难点：（1）重点：小步幅、快频率。（2）难点：呼吸节奏。

三、学习目标

综合以上分析，确定本节课的学习目标：

1.知识目标：了解耐久跑的呼吸节奏；了解数字莲花图形跑的练习方法。

2.技能目标：找到适合自己的耐久跑呼吸节奏；与同伴积极配合完成练习任务。

3.情感目标：体验与同伴合作的成功和乐趣，锻炼坚强的意志。

四、教法与学法

1.教法：讲解法、表扬鼓励法、比赛练习法。

2.学法：观察法、合作学习法、比赛法。

五、教学过程

（一）准备部分（12分钟）

主要任务：运用SPARK模式，激发学生练习积极性，培养学生的规则意识。

1.体委整队，报告人数，师生问好，教师宣布课程内容，并说明本课中我们的约定：看到学生优秀的表现，老师就与他击掌，并告诉他，他哪里做得好。

2.绕圆慢跑（小步幅快频率），进行音乐停、人静止的游戏，在愉悦身心的同时，培养学生的规则意识。

3.徒手操：（1）扩胸；（2）振臂；（3）体转；（4）腹背；（5）胯下击掌。

4.绕圆采用跑步呼吸节奏练习，跟随老师口令，做呼吸练习。

（二）基本部分（28分钟）

主要任务：学习耐久跑呼吸方法，体验团队协作。

1."数字莲花图形跑"练习3~4次。

每个小组两路纵队，根据数字指示围绕标志桶和足球中圈，进行跑的练习。如一组第一轮跑的数字顺序为"103050702~04060801"，0指足球场中圈，其他数字指中圈外侧标志桶上的数字。从数字 1 向中间圆圈出发，沿圆圈逆时针跑一圈后向标志桶 3 跑，绕过 3 再沿中圈逆时针跑一圈后绕过 5，再绕过 7 最后跑回终点数字 2。一组数字是 600 米的距离，每组进行 2 次练习。

用小组的集体数字图形变化，调动学生练习的积极性。跑动中一人领喊"1—2"、其他人跟喊"1—2"，体会耐久跑的呼吸节奏，提振组员士气，组员之间互相鼓励。老师与表现出色的个人和团队击掌。

2."超低空飞行"游戏 3~4 次。

每次跑出一名同学，每人只能翻一个拍子，拍子背面有数字，需要把拍子向下的数字按照从 1~10 的正确顺序依次翻出来，如果数字顺序不对，再将数字原样放回。跑回时与下个跑出的同学进行击掌。哪组先将所有的数字正面向上翻出来即为胜利。最后完成的小组做 5 个蹲跳。如果出现提前抢跑、一人翻两个拍子现象，违规同学要做 10 个蹲跳。在培养学生规则意识的同时，锻炼学生的合作能力。在练习前小组长带领组员进行比赛规则学习、讨论，小组达成共识——按照哪一种方式能够更快地完成任务。练习过程中要服从指挥。一次练习结束后可以调整比赛策略，争取在下一轮的比赛中超越上一次的成绩。比赛结束后教师引领学生从"如何进行比赛"延伸到"如何做人、做事"的品德教育。

3.素质练习 2~3 组。

（1）仰卧对角交替触膝练习 15 次；（2）动态支撑：俯撑—平板支撑转换 10 次。根据全面发展原则，上肢和腰腹肌练习作为以下肢练习为主的耐久跑的补充。

（三）结束部分（5 分钟）

1.静力拉伸练习，达到放松的目的。
2.统计同学中与老师击掌的人数，让学生说出老师为什么与他击掌。
3.老师总结本课学生整体的学习情况。
4.师生再见，组织学生整理收还器材。

六、课堂效果预测

预计本课学生的练习密度达到 40% 左右。

七、场地器材

标志桶8个，板羽拍40个，足球场地中间区域。

"规范读写，明亮眼睛"健康教育教案
——掌握正确的握笔姿势

一、教学目标

1.认识不正确握笔姿势对眼睛的危害，增强爱眼护眼意识。
2.能够准确判断自己或同伴的握笔姿势是否正确，掌握正确的握笔姿势。
3.在学习中与同伴积极主动互相监督，规范自己的读写姿势。

二、教学重点

橡皮筋辅助寻找正确的握笔姿势。

三、教学难点

掌握正确的握笔姿势。

四、教学用具

橡皮筋每人1根，笔每人1支。

五、教学过程

环节一：判断自己握笔姿势是否正确
目的：让学生能够认识正确的握笔姿势。
1.以"三个一"标准和"读写姿势达标活动"为切入点导入本课。
2.各种握笔姿势图片展示，让学生了解自己惯用的握笔姿势是哪一种。
3.讨论：哪一种握笔姿势是正确的？
4.学生回答，教师公布答案。
5.教学目标展示。

板书：标题

环节二：认识不正确握笔姿势对眼睛的危害

目的：通过观看视频，让学生知道握笔姿势不正确是导致读写姿势不正确、视力下降和近视的原因之一，认识到正确握笔的重要性。

1.教师播放视频：不正确握笔导致的后果。

2.小组讨论：不正确握笔造成的危害。

3.学生回答，教师总结：矫正歪头、趴着写字等不正确的读写姿势。

4.正确握笔姿势图片展示。

5.学生尝试正确的握笔姿势，同桌之间互相观察指导。

板书：危害

环节三：他山之石——利用橡皮筋找到正确的握笔姿势

目的：借助橡皮筋轻松找到正确的握笔姿势。

1.播放视频：借助橡皮筋寻找正确握笔的方法。

2.学生自主尝试：利用橡皮筋寻找正确握笔的方法。

3.教师带领学生利用橡皮筋寻找正确握笔的方法。

4.写字训练（诗一首）。同伴观察姿势是否正确。

板书：橡皮筋

环节四：点拨升华

目的：让学生树立信心，长期坚持正确的握笔姿势，养成规范的读写习惯。

1.去除橡皮筋写字训练（诗一首），同伴观察姿势是否正确。

2.幻灯片展示保持正确握笔姿势的方法：

（1）自我提醒：我的握笔姿势是否正确（每节课1~2次）；

（2）同伴提示：同桌的握笔姿势是否正确（每节课1次）。

3.教师寄语：持之以恒、团结协作、读写规范、爱护眼睛！

结束语：同学们，好习惯的培养需要一定的时间，正确的握笔姿势是规范读写姿势的基础，也是我们保护眼睛、预防近视的关键，希望你们互相监督养成良好的读写习惯，保护好自己的眼睛！

"鲤鱼跃龙门"教学设计

课题		备课人	教案编号	上课时间
鲤鱼跃龙门		刘宪成		第 周第 次
教材	跨越式跳高			
教学目标	1.知识目标：让同学了解跨越式跳高的四个环节，明确自己的起跳腿。 2.能力目标：掌握正确的起跳过杆技术，提高跳跃能力；发展协调和爆发力素质，促进身体健康。 3.情感目标：体验成功的乐趣，培养学生的勇敢、自信品质。			
教学过程	教学内容	教师活动	时间	学生活动	组织队形
课前准备		教师提前到场，准备好场地、器材，等候上课。播放《小鲤鱼历险记》主题曲。		体委带领全班同学到指定地点集合，听歌曲。	××××× ××××× ○○○○○ ○○○○○ △ ★
课堂导入	课堂常规	1.集合整队，和学生问好。 2.提问"小鲤鱼最喜欢的游戏是什么？" 3.宣布本课的学习内容、目标和要求。	3分钟	1.积极参与问题的回答。 2.明确本课的学习内容和要求等。	××××× ××××× ○○○○○ ○○○○○ △ ★
鲤鱼热身	慢跑头顶球和辅助性练习。	1.安排体育委员带领同学进行慢跑练习，遇到悬挂的软式排球，用单脚起跳，力争用头顶到球。 2.跳高辅助性练习操：上步起跳；踢腿。	7分钟	1.积极参与慢跑和头顶球练习。 2.积极参与徒手操热身活动。	
鲤鱼学艺	起跳过杆要点：脚跟先着地并迅速滚动到全脚掌，在两臂和摆动腿快速摆动配合下，起跳腿充分蹬伸，同时摆动腿屈膝高抬；两腿一前一后过杆。 难点：起跳腿快速、积极蹬伸。	1.给各组分发知识卡片，组织学生进行分组讨论。 2.组织学生进行尝试练习（1~2次）。 3.教师示范、讲解动作要点。 4.组织学生进行小组合作练习2~3步助跑起跳过杆练习（6~8次）。 5.小组展示练习。	10分钟	1.积极参与小组合作学习。 2.认真听讲，了解起跳过杆的要点和难点。 3.积极参与小组练习和展示练习。	××××× ××××× ○○○○○ ○○○○○ △ ★

续表

鲤鱼跃龙门	"跃龙门"游戏：设置高度不同的横杆，从最低高度开始，依次跨越逐渐上升的横杆，如果在某一高度没有越过，则留在这一高度进行再次尝试，力争越过自己的最高高度。	组织"跃龙门"游戏	10分钟	1.明确游戏的方法和要求。 2.积极参与游戏练习。 3.积极为本组队员加油、助威。
鲤鱼健身	"团结一心"游戏： 把全体同学分成四个组，后面同学把手放在前面同学的肩上，在同一口令下，用单脚跳向前行进。 规则：中间不能脱节；排头先到达指定位置为胜队。	"团结一心"游戏 （2~3次）	7分钟	1.明确游戏的方法和要求。 2.积极参与游戏练习。 3.积极为本组队员加油、助威。
恢复身心	放松练习和小组评价。	1.集体讲评，评价本节课的学习情况。 2.整理放松练习。 3.布置课外作业：能够增强弹跳能力的练习方法（3~5种）。 4.归还器材，下课。	3分钟	1.优秀小组评选，学生自我评价。 2.放松练习。 要求：放松、调整呼吸 3.师生再见。
所需器材	排球4个、跳高架4副、垫子若干、录音机1台。			
教学反思				

"篮球行进间投篮"教学设计

教材	1.学习行进间投篮；2.上肢力量。					
学习目标	1.知识目标：了解行进间投篮的三步节奏和带球走的规则。 2.技能目标：一级抱球完成行进间的三步动作，进球5次；二级运一次球完成正确的投篮动作，进球10个以上；三级在连续运球后跨步接球完成动作，进球15个以上。 3.情感目标：体验与同伴合作、与其他团队竞争的乐趣。					
教学过程	教学内容	教师活动	时间	学生活动	练习次数	组织队形
收心热身		教师提前到场，准备好场地、器材，等候上课。		到指定地点集合，体委向老师汇报出勤情况。		○○○○○○ ○○○○○○
	课堂常规	1.宣布本课的学习内容、目标和要求，检查学生人数及服装，安排见习生。 2.讲解课堂规则，解释"我们的约定"。	2分钟	1.明确本课的学习内容和要求，见习生随堂听课。 2.明确规则"我们的约定"和方法。		××××× △××××× ★
	游戏热身活动	听口令组球游戏： 1.讲解游戏规则。 2.组织运球慢跑热身。 3.鸣哨，检查学生"基本持球姿势"，与优秀学生击掌，培养学生的规则意识。	6分钟	1.跟随老师进行篮球操练习。 2.根据要求积极参与本课的辅助性练习。	各2次	
	专门性练习	1.篮球操： (1)上肢运动。 (2)体转运动。 (3)腹背运动。 (4)弓步压腿。 (5)高抬腿左右摆球。 (6)举球投篮练习。 2.辅助性练习： (1)运1次球抱球练习。 (2)抛球落地反弹后接球。 (3)抱球三步脚步练习。	6分钟	1.跟随老师进行篮球操练习。 2.根据要求积极参与本课的辅助性练习。	5~8次	○○○○○○ ○○○○○○ ××××× △××××× ★

续表

增智促技	学习行进间投篮	重点：正确脚步动作，一大二小三高跳。 难点：跨步接球的时机。 1.让学生进行三步上篮体验练习。 2.讲解示范练习，介绍带球走规则。 3.带领学生进行脚步动作练习：徒手抱球练习。 4.组织学生利用辅助篮圈进行练习，巡查指导，发现优秀做法与之击掌。 （1）运1次球投篮练习。 （2）运球多次上篮练习。 （3）运球绕标志桶的投篮练习，优秀学生展示。 （4）运球投篮1分钟计时积分赛，脚步动作正确并进球得2分，动作正确球未进得1分。 5.利用正规篮圈，每人2次，进行进球次数比多练习。	18分钟	1.参与自主展示。 2.认真听讲、观看老师示范。 3.积极参与脚步动作学习。 4.参与各种形式的分组练习。 5.积极参与1分钟计时比赛。 6.积极参与正规篮圈进球比多练习。	2~3次 2~3次 5~8次 8~10次 1~2次 1~2次	○ ○ × × ○ ○ × × ○ ○ × × ○ ○ △ × ↕ ↕ ↕ ↕ ↕
	素质练习	动态支撑10次和俯撑拨球15次： 1.讲解示范动作方法。 2.组织学生练习。	4分钟	1.观看老师动作，明确上肢力量练习方法。 2.积极参与练习。	2~3次	× × × × × × × × × × ○ ○ ○ ○ △ ○ ○ ○ ○ ★
恢复身心	小结	1.用球引领静力拉伸。 2.统计优秀人数、原因。 3.总结本课学习情况。 4.师生再见，收还器材。	4分钟	1.积极参与放松练习。 2.参与优秀学生统计。 3.听老师点评。 4.师生再见。		× × × × × × × × × × ○ ○ ○ ○ △ ○ ○ ○ ○ ★
所需器材	篮球40个、录音机1台、篮球场地1个、自制投篮辅助器材1套、秒表1块、标志桶20个。					
教学反思						

"脚背正面踢球"授课教案

教材	1.脚背正面踢球；2.游戏。					
学习目标	1.知识目标：了解足球脚背正面踢球的动作要领。 2.技能目标：能够利用脚背正面将抱着的球在距离球门10米的位置将球踢进门；尝试将离门10米的固定球用脚背正面进行射门。 3.情感目标：在团队配合下，认真完成比赛任务；体验学习的成功。					
教学过程	教学内容	教师活动	时间	学生活动	练习次数	组织队形
收心热身		教师提前到场，准备好场地、器材，等候上课。		到指定地点集合，体委向老师汇报出勤情况。		○○○○○○ ○○○○○○ ×××××× △××××× ★
	课堂常规	1.宣布本课的学习内容、目标和要求，检查学生人数及服装，安排见习生。 2.讲解课堂规则，解释"我们的约定"。	2分钟	1.明确本课的学习内容和要求，见习生随堂听课。 2.明确规则"我们的约定"和方法。		○○○○○○ ○○○○○○ ×××××× △××××× ★
	游戏热身活动	游戏：坐在地上用正脚背进行触球、踢球练习。 1.讲解练习方法。 2.讲解游戏规则。 3.组织游戏。	5分钟	1.了解运球用的部位。 2.了解游戏规则。 3.积极参与游戏。	各3次	○○○○○○ ○○○○○○ ×××××× △××××× ★
	专门性练习	1.球操： (1) 振臂运动。 (2) 腹背运动。 (3) 转髋练习。 (4) 脚背拉拨。 (5) 小腿拉伸。 2.超级模仿秀： (1) 坐式正脚背触球练习、踢球练习。 (2) 站立抱球踢球动作。	6分钟	1.跟随老师进行球操练习。 2.积极参与超级模仿秀动作练习。	每节4×8	○○○○○○ ○○○○○○ ×××××× △××××× ★

续表

增智促技	学习脚背正面踢球	动作要点口诀： 直线助跑膝弯曲， 大腿带动脚背踢， 触球瞬间脚背直， 收腹摆腿体前移。 重点：正确的触球部位。 难点：支撑脚的选位。 1.教师讲解完整示范动作。 2.距离球门10米，脚背正面踢抱球射门练习。 3.两人一组踢球腿动作模仿练习。 4.侧踢球动作模仿练习。 5.助跑踢球动作球前突停练习。 6.固定球射门，捡球后用脚背运回，排到队尾。	15分钟	1.认真观看老师示范，记住重难点。 2.与同伴配合进行两人一组踢球腿动作模仿练习。 3.积极参与踢球动作模仿练习。 4.积极参与踢固定球射门练习。 5.积极参与运球到指定区域射门练习。	5~8次 8~10次 8~10次 6~8次	○○○×××× ★ ○○○○×××
	射门积分赛	踢滚动球射门积分赛： 1.讲解游戏规则：直线运球到指定区域后将滚动球进行射门练习。 2.组织射门积分赛。	8分钟	1.学生明确规则。 2.积极参与游戏练习。	2~3次	(场地示意图)
恢复身心	小结	1.用足球引领静力拉伸。 2.统计优秀人数、原因。 3.总结本课学习情况。 4.师生再见，收还器材。	4分钟	1.积极参与放松练习。 2.参与优秀学生统计。 3.听老师点评。 4.师生再见。		××××× ××××× ○○○○○ △○○○○ ★
所需器材	足球每人1个，足球场地半个，标志桶10个。					
教学反思						

"教你学会青年拳（起势和1~2动）"教学设计

教材	1.青年拳的起势和第1~2动；2.游戏:超低空飞行。		
学习目标	1.知识目标：掌握本课所学6个动作名称、路线；了解抱拳礼的含义。 2.技能目标：在口令提示下完成本课所学6个动作；发展学生协调、灵敏素质。 3.情感目标：能使用抱拳礼表示对他人的尊重；体验如何与本组成员进行团队协作。		
重点	弓步十字手、虚步勾手、上步架打、右架打的正确手型和步型。	知识点	抱拳礼
难点	定势动作突停用力、眼随手动。		

教学过程	教学内容	教师活动	时间	学生活动	练习次数	组织队形
收心热身		教师提前到场，准备好场地、器材，等候上课。		到指定地点集合，体委向老师汇报出勤情况。		○○○○○○ ○○○○○○ ×××××× △××××× ★
	课堂常规	1.导入：成龙、李小龙身上的共同点。 2.宣布本课的学习内容、目标和要求，检查学生人数及服装，安排见习生。 3.讲解示范抱拳礼。 4.播放音乐，教师完整示范青年拳第一段动作。	2分钟	1.回答老师提问。 2.明确本课的学习内容和要求，见习生随堂听课。 3.学习抱拳礼。 4.欣赏青年拳。		
	游戏热身	1.讲解"拳掌勾"组团游戏规则。 2.在慢跑中进行"拳掌勾"组团游戏：拳2、掌3、勾4。	5分钟	1.认真听讲，了解拳、掌、勾代表数字。 2.积极参与游戏。	各2次	
	专门性练习	武术基本功：（配合发声） 1.十字手、勾手、对拳、按掌手臂组合练习。 2.弓步、虚步变化组合练习。 3.左架右打、右架左打组合练习。 4.马步变化组合练习。	5分钟	1.跟随老师进行武术基本功练习。 2.了解武术基本功的动作要点。	每节4×8	○○○○○○ ○○○○○○ ×××××× △××××× ★

续表

增智促技	学习青年拳起势和第1~2动	弓步十字手、虚步勾手、上步对拳、并步按掌、上步架打、右架打。 重点：每个定势正确手型和步型。 难点：定势动作突停用力、眼随手动。 1.指导小组自学动作，记住6个动作名称。 2.组织学生自学展示。 3.讲解示范练习。 4.巡查指导，分组练习。 5.点拨每个动作眼看位置和突停发力。 6.各组优秀学生展示。 7.6个动作集体展示。	15分钟	1.积极参与小组自主学习。 2.积极参与自学展示。 3.认真进行跟做练习。 4.参与分组练习。 5.体会每个动作眼看位置和突停发力。 6.观看优秀学生展示。 7.6个动作集体展示。	2~3次 2~3次 2~3次 3~5次 1次 1~2次	○○○○○ ○○○○○ ×××××× △××××× ★
	游戏	超低空飞行： 1.讲解规则，组织小组进行取胜策略讨论。 2.鼓励学生认真投入练习。 3.提醒学生遵守规则。 4.点拨"如何与他人协作"。	8分钟	1.学生明确规则参与讨论，确定取胜策略。 2.积极参与。 3.对取胜方法以及如何协作发表个人见解。	2~3次	○ ○ × × ○ ○ × × ○ ○ × × ○ ○ △ × ↕ ↕ ↕ ↕ ★
恢复身心	小结	1.整理放松练习：3节。 2.集体讲评，评价本节课的学习情况。 3.行抱拳礼，宣布下课。	5分钟	1.放松练习。 要求：动作舒展、放松呼吸。 2.听老师点评。 3.师生再见。		○○○○○ ○○○○○ ×××××× △××××× ★
所需器材	板羽拍45个、录音机1台、篮球场地1个、秒表1块。					
教学反思						

"快速跑"模拟课堂

各位评委：

大家好！我是5号选手，我讲课的内容是：快速跑！下面开始我的试讲！

立正。同学们好！同学们，你知道苏炳添今年的100米最好成绩是多少吗？这位同学回答得非常正确，是9秒83，在今年东京奥运会的半决赛中创造了新的亚洲纪录。

同学们，今天老师就带领大家进行快速跑的学习。通过本课的学习，我们要达到3个目标：1.掌握快速跑的动作要点；2.学会快速跑的四种练习方法；3.与同伴团结协作完成练习任务。希望每一位同学，认真观察，积极练习，完成本课任务。见习生出列。

首先进行热身，跟随老师围绕我们练习场地的大圆圈，进行慢跑。全体都有，向右转。第一组跑步走，一二一，后面的同学跟上。跑的辅助性练习：后踢腿30次，高抬腿30次，交叉步10次，齐步走。保持前后两臂距离，扩胸运动、振臂运动、体转运动、腹背运动、弓步压腿，立定、向左转。刚才的练习，同学们都认真练习、动作到位，也为我们快速跑的学习做好了准备。

接下来，我们要进行快速跑的4项练习，大家看到在场地中间有4个区域，老师首先给大家示范练习方法和要求：一号区快速启动练习。两人一组面对面相距2米，右手将杆竖起来，听到换的口令，快速去扶对面同学的杆，杆不能倒，可以根据自己的能力适当拉大距离，每人练习15次。二号区步频练习。利用绳梯做快速高抬腿，向前冲出去，每人3次，练习中注意前后距离；步频练习也是本课的重点。三号区快速摆臂练习。两人一组，将橡皮筋两头绑到大臂上，另一人拉住皮筋中间，上体前倾，快速摆臂30次，交替进行，每人3次。四号区大步幅练习。两组距离不同的标志盘—大步跑练习，根据自己的能力选择，每人5次。

1组到一号区，2组到二号区，3组到三号区，4组到四号区，组长带领进行练习。练习完本组内容后轮换到下一个区进行练习。点评：这两位同学启动速度非常快，配合得非常默契；这位同学大腿高抬，积极下放，加快摆臂会更协调。两腿前后开立，摆臂幅度尽量大，对，很好，再加快速度。四号区：大腿再抬高一点儿，可以去试一下那个间距更大的练习。

嘟——（哨声），同学们都进行了4项练习，每个小组推荐最优秀的两名同学进行4项练习的展示。刚才8名同学的展示动作非常规范，大家掌声感谢他们。

请同学总结一下每个区域练习的要点。1号区：两腿前后开立，重心低，启动快，精力要集中；2号区：大腿快速高抬，快放，两臂快速摆动；3号区：两臂快速向前上方摆动，幅度要大；4号区：积极蹬地，腿抬高一点。大家总结得非常好，这些就是快速跑的要点，我把这些归纳成了三句简单的口诀：两腿弯曲启动快，高抬快放频率快，大腿高抬摆臂快。

接下来，每个小组再进行一次4个项目的轮换练习。

集合！接下来是30米往返接力环节，老师讲解一下比赛规则：1.不能提前越过起点线。2.到转折点用手碰一下标志桶方可返回，否则视为失败。3.每一位同学返回后要与下一位同学击掌。4.排在最后的小组全体做蹲跳10次。各小组准备：各就位——跑！4个小组的第一名同学不分先后，二组暂时领先！一组快赶上来了！3、4组加油！马上就到终点了！1、2、3、4！祝贺1、2、3组取得胜利，4组抓紧时间总结一下原因，争取下一局翻盘。老师看到4组进行人员次序的调整、2组也进行了调整；第二局比赛开始！4组调整后果然有效！1组出现失误了！马上就到终点了，4、3、2、1。祝贺4、3、2组取得胜利！1组做蹲跳10次。

接力练习结束，接下来是我们的素质练习：俯撑击掌，两人呈俯撑姿势头部相对，进行20次击掌练习，预备，开始。素质练习结束。接下来是我们的放松环节，同学们跟我做，两手扶地呈俯撑，右脚放到右手外侧，身体右转，返回，重心后移，拉伸大腿后侧。

拉伸练习结束，起立。以中间同学为基准，向中看齐！向前看。同学们，本节课我们进行了快速跑4种专项练习，每一位同学都非常积极。另外，大家需要记住快速跑的要点：两腿弯曲启动快，高抬快放频率快，大腿高抬摆臂快。大家都记得很清楚。

老师给大家布置一个课后作业，带领家人回顾苏炳添东京奥运会的比赛视频，然后一起进行跑的专项练习，强健体魄。本课到此结束，小组长帮助老师回收器材，同学们再见！

第十二章 研究成果的积累

研究成果的积累,是促进教师专业成长的重要渠道。课题研究、课堂研究是促进教师专业成长的高效途径,也是积累个人发展成果的重要方式。

"中学生体育活动组织能力培养的研究"结题报告

我在2013年申报了山东省教育科学"十二五"规划重点课题"以校为本的课程资源开发研究"的重点子课题"中学生体育活动组织能力培养的研究"(课题批准号ZBKCZY030),在2017年完成课题研究任务,并顺利结题。

一、研究问题:研究目的—研究意义—研究假设—核心概念

(一)研究目的

一个偶然的事件,引起我对"学生组织能力培养的思考":刚接手初一新生不久,一次,我正准备给初一(2)班上体育课。与以往整齐有序的情形截然相反,学生"叽叽喳喳"地乱成了一团。一问才知道,原来是体育委员生病了,没有人整队,所以乱糟糟的。我让班长来整队,班长说不会。又找了几个同学,结果不是不会,就是指挥口令喊不出口。

我意识到:我在体育教学中,忽视了对全体学生进行组织能力的培养。组织能力是一个人素质的体现,学生如此差的组织能力,将来很难在社会上立足。

针对此事与同事们进行交流,他们也决定在课堂上看看除了体育委员,其他同学的组织能力如何。结果与我的课堂上出现的状况差不多,除

体育委员和一两个体育特长生之外，多数学生不是不会喊指挥口令，就是不敢进行尝试。同时，我还发现一个现象：我们学校在班级管理中采用"班干部轮流制度"，但在班干部的轮流中，班长、劳动委员、学习委员、学习小组长这些岗位都实施轮岗，而唯独体育委员这一岗位，一直由班级原来的体育委员担任。

初中阶段是人身心发育趋向成熟的重要转折时期，也是初步形成健康生活方式的重要时期。在这一阶段提高学生的组织能力，能够为每一个学生将来的发展提供更广阔的空间和舞台。在我们的讨论中，大家一致认为：与其他学科相比，体育课程是培养每一个学生组织能力最大的平台。

课题组成员进行集体研讨时，专门对《义务教育体育与健康课程标准（2011年版）》中关于"课程资源开发与利用建议"进行仔细的研读，决定把"培养学生组织能力"提到体育课程资源开发的高度来看，并确定了本课题的研究目标：

1.通过体育活动组织能力培养，调动学生主动参与体育活动的积极性，提高学生对体育的兴趣。

2.了解学生对体育运动的需求，找到提升学生体育活动组织能力的方法，促进学生良好体育锻炼习惯的养成。

3.提升学生的合作意识、沟通能力、创新能力，促进与他人之间的交流、合作。

4.用亲子互动游戏缓解青春期的孩子与父母之间的冲突，融洽亲子关系。

5.在课堂上或课外，能够与他人一起开展多种形式的游戏或比赛练习，丰富校内外文化生活。

（二）研究意义

1.选题意义。

通过课题研究，找到"提高学生体育活动组织能力"的方法、步骤，提高每个学生的体育活动组织能力；在常规体育活动中逐步实施"值日体委轮流制"，提高每个学生的体育活动组织能力，提高课堂教学、体育活动管理实效；在课堂教学中让学生进行"游戏设计和组织"尝试，提升学生创新意识和组织能力；创设"让每位同学体验到成功"的教学氛围，在锻炼中提升学生自信心；增强学生主动参与体育活动的积极性，培养学生对体育的兴趣；将游戏组织延伸到家庭，缓解青春期学生与父母之间的冲突，融洽亲子关系；利用课题研究，促进参与教师个人专业发展。

2.研究价值。

(1) 对学生中存在的"多数学生组织能力差"现象，从课程资源开发的角度进行分析研究，形成体育课程资源开发思路，提高课堂教学、活动管理实效。本课题的研究，从"如何提升每一位学生体育活动组织能力"的问题，上升到对"学校体育活动时间、内容资源"的课程开发，让解决问题的方法更有实效。

(2) "目标统领内容"的思想，不仅适合课堂教学，还在体育课程资源开发的研究中同样适用。"目标统领内容"的思想，是《义务教育体育与健康课程标准（2011年版）》对体育教学设计和内容选择的建议。本课题的研究，把"提升每个学生的体育活动组织能力"作为目标，把"值日体委轮流制的实施和课前游戏设计、课上组织游戏、校外亲子互动游戏延伸"当作内容，是"目标统领内容"思想在我校体育课程资源开发研究中的应用。

(3) 虽然各地、各校师资状况、器材设施配备、活动时间、内容等体育课程资源存在较大的差异，学生素质和能力状况不同，但课题研究中运用的问题解决思路，"发现问题—调研学生需求—学生立场分析问题—找到解决方法"对于其他学校进行体育课程资源的开发，有非常积极的借鉴意义。

(4) 关注学生的情感体验，让每个学生体验成功，是"调动学生参与体育活动积极性，培养学生体育兴趣"的基础，也是本课题研究得以顺利完成的保障。本课题研究中，通过"不怕出错""值日体委表现——只讲优点、不讲不足"等措施，创设"让学生体验成功"机会，调动学生参与积极性，这些措施同样也值得其他学校在体育课程资源开发、课堂教学中运用。

(5) 用课题研究引领课题组成员教育理念的转变，提高了参与教师专业水平、研究水平和创新能力，实现了教师专业能力的提升。

(6) 利用学校体育活动时间资源和游戏，对初中学段全体学生进行体育活动组织能力培养的研究目前还没有，因此本课题的研究具有很强的创新性，填补了国内研究在这方面的空白。

（三）研究假设

每一位学生在经过校内多种形式的"担任值日体委"锻炼后，都能够胜任体育委员的岗位职责，做好体育老师的助手；课外时间，学生能够组织同伴一起参与游戏或体育比赛活动，与同学关系更加融洽，也养成了每天坚持体育锻炼的习惯；在家中，每个学生能够组织家人或同伴参与自己设计的游戏，这样孩子与父母的沟通更加顺畅、关系更加融洽。

（四）核心概念

体育活动组织能力，是指在体育课堂学习和课外体育活动中，学生带领同伴或与同伴一起进行体育活动的能力。一个人的体育活动组织能力，会受到遗传因素的影响，但也可以通过组织各种体育活动，让自己的体育活动组织能力得到提高。

通过对学校体育课程资源分类统计分析，我们发现体育课程里面蕴藏着能够提高学生体育活动组织能力的丰富资源：一是在学校常规体育活动（体育课堂教学、大课间、课外活动、社团活动和校园体育节活动）的组织管理中实施"值日体委轮流制"，成为提高学生组织管理能力的主要途径；二是让每个学生进行"课前设计游戏、课中组织游戏"的锻炼，实现学生体育活动组织能力的提升；三是让学生在家庭组织亲子互动游戏，把学生体育活动组织能力锻炼延伸到校外、家庭。

培养学生的体育活动组织能力，就是在每个学生整个初中学习的四年中，先在课堂学习中担任"值日体委"进行组织能力锻炼，再在体育大课间、课外活动、体育社团和校园体育节活动的组织管理中进行组织能力提升，再到课堂学习中进行游戏的设计和组织，最后将亲子互动游戏延伸到校外。每一位学生在学校体育活动的组织中得到锻炼、体验到成功，个人的组织能力得到提升，也为他们在课外和校外参与或组织体育活动打下基础。

二、研究背景和文献综述：理论基础—相关研究成果

（一）了解国外"学生体育活动组织能力培养"研究状况

查阅文献资料，没有找到国外关于体育课程资源开发研究和体育活动

组织能力培养的理论文献。

(二) 了解国内"学生体育活动组织能力培养"研究状况

1. 百度检索"体育课程资源",得到的是《义务教育体育与健康课程标准(2011年版)》中关于"课程资源开发与利用的建议";检索"组织能力""组织管理能力",得到的是与企业管理相关的管理信息,没有与体育课堂教学相关的信息。

2. 查看《体育与健康课程标准》中课程资源开发利用建议,得到关于体育课程资源的相关论述,"体育课程资源是不断提高体育与健康教学质量,开发体育与健康校本课程,形成各地、各校体育与健康课程特色的重要前提和条件""课程内容资源的开发与利用除了要遵循目的性、科学性、可行性、层次性、趣味性和文化性等原则外,还要……""教师在充分、有效利用有限的体育与健康课时间的基础上,还应充分利用课余时间,通过布置课外作业等方式,引导学生积极参与课外体育锻炼和健康实践活动",对本课题研究有指导作用。

3. 从中国知网检索,得到与本课题比较相近的结果。(略)

(三) 分析查阅的文献资料,找到研究方向

通过对以上搜集的关于"课程资源开发"和"体育活动组织能力培养"相近文献资料的分析,得出结论:可以利用学校体育活动时间资源,让学生担任"值日体委";利用体育内容资源,让学生设计和组织游戏,来提高每个学生的组织能力,并且对初中学段全体学生进行体育活动组织能力培养的做法还没有。

(四) 分析学校体育活动资源现状

对我校体育活动资源进行统计,发现我校现有体育活动包括:体育课堂学习活动、体育大课间活动、课外体育活动、体育社团活动、校园体育节以及其他小型竞赛体育活动。而每周的常规体育活动,是体育课堂学习活动、体育大课间活动、课外体育活动、体育社团活动。如果把每周常规体育活动的组织管理打造成"学生组织能力锻炼的机会",让每个学生积极主动地参与到这些体育活动的组织管理中,相信每个学生的组织能力一定会得到大幅度的提高。在全体同学中实施体委轮流制,让学生轮流担任这些常规体育活动的组织管理者,就是给每一位同学提供了一个锻炼组织

能力的机会。要在我们日常体育活动的组织管理中全面实施体委轮流制，还需要先让学生参与体育课堂教学活动的组织，随着学生组织能力的提高再逐步向组织其他体育活动延伸。

（五）分析学校体育内容资源现状

对学校体育教材内容进行统计分析时发现，无论哪个运动项目都有属于自己的独特游戏。与学习运动技术相比，学生更喜欢每个项目中的游戏。在对文献资料的学习中，有几位老师让学生自己进行课前游戏设计、课上组织游戏，这一方法非常值得我们在课题研究实践中尝试，并且也能很好地提高学生的组织能力。于是我们决定把课堂游戏的设计、组织，也作为提升学生组织能力的资源。

在与家长的交流中，很多家长反映学生周末大多数时间都是用手机或电脑玩网络游戏；孩子在家不听家长的话、不与家长交流，还经常向家长发脾气。我们知道，青春期的孩子很容易与家长发生冲突。于是，我们开始思考，如果能够将体育游戏的组织延伸到校外、家庭中，不仅能够锻炼学生的组织能力，还能够缓解青春期的孩子与父母之间的冲突，融洽亲子关系。

（六）分析学生心理特点

初中阶段是人初步形成健康生活方式的重要阶段。处于这一阶段的学生，会认为小学阶段进行的游戏，如跳房子、跳皮筋等比较幼稚，不屑于参加；而对于成人参加的太极拳、健身舞蹈等活动，他们认为比较古板，不符合他们的年龄特点，也不愿意参加。他们喜欢竞争比较激烈的球类活动和内容新颖的游戏，因此在课堂教学和学校体育活动的组织管理中围绕学生这一心理特点，让学生自己设计游戏、比赛，参与体育活动的组织管理，调动学生参与体育活动的积极性，提升他们的组织管理能力。

（七）通过分析确定课题研究基本思路、步骤

结合对文献资料的学习、我校学生组织能力现状、学生心理特点，形成对每个学生组织能力培养的研究思路：利用学校体育的时间资源、游戏资源，实施"值日体委轮流制""课堂游戏设计、组织""家庭亲子互动游戏的开展"，实现对每个学生体育活动组织能力的培养，完成体育与健康课程资源的开发。具体实施步骤，第一步：在体育课堂教学中实施"值日

体委"轮流制;第二步:在体育大课间、课外活动、社团活动的组织管理中实施"值日体委"轮流制;第三步:课堂教学中学生自主设计游戏、组织游戏;第四步:学生在家庭组织"亲子互动游戏"。

三、研究程序:研究设计—研究对象—技术路线

(一) 研究设计

本课题的研究自 2013 年 3 月至 2016 年 12 月,研究分以下三个阶段。

第一阶段:准备阶段(2013 年 3 月—6 月)

本阶段主要工作是撰写开题报告、开展问卷调查、制订课题研究方案和计划,课题组成员了解"中学生体育活动组织能力培养"国内研究现状,通过比较,结合课题组实际制订详细的课题实验设想并撰写研究方案。

1.开展问卷调查,确定课题研究计划、方案。

课题组成员对 2009 级、2010 级、2011 级、2012 级全体学生进行"体育活动组织能力现状"的问卷调查,找到问题"为什么体育委员不能实施轮流制"的解决方法;制定"值日体委轮流制""课前设计、课上组织游戏""家庭亲子互动游戏"具体实施方案;做好研究前各项工作。

2.对毕业年级 2009 级(2013 年毕业)学生开展"是否能胜任体育委员、掌握游戏种类"的问卷调查统计,作为后续毕业年级学生的对照标准。

(1)"经过初中四年的体育课学习,你能否胜任体育委员的职责",85%学生不能,5%学生选择不知道,5%学生选择能基本胜任,5%学生选择胜任。

(2)"经过四年的初中学习,你能掌握几种与同伴一起进行游戏或比赛的方法?"得出以下数据:

3 种以下	3~5 种	5~8 种	8~10 种	10 种以上
25%	30%	30%	10%	5%

对毕业年级学生问卷数据进行统计分析,得出的结论是:由于没有在 2013 年毕业的学生(2009 级)中实施"值日体委轮流制",大多数的学生

不能胜任体育委员职责，学生体育活动组织能力很差，仅有担任过体育委员的同学组织能力较强。

分析我们的教学组织形式现状：目前，我们的学校教学活动都是以班级为单位的"班级授课制"。每个班级有40~50名同学，一般情况下每个班级都有1名体育委员和4~5小组长，尤其是体育委员，他们大多是从小学阶段就开始担任体育委员，组织管理能力比其他同学要强。而正是这样的运行体制，除了体育委员和几个组长之外，其他学生根本没机会进行组织管理能力的锻炼。因此，大多数的学生体育活动组织能力很差。

3.对非毕业年级2010级、2011级、2012级学生问卷调查统计如下。

（1）对"你是否愿意提高自己的体育活动组织能力？"的统计结果是：99%的学生愿意。

（2）对"你曾经有担任体育委员的经历吗？"的统计结果是：90.3%的同学没有担任体育委员的经历。

（3）对"如果你认为自己不能胜任体育委员，你认为是什么原因导致的？"进行调查得出以下数据：

不会喊指挥口令	缺乏自信	怕同学取笑	怕老师批评
62%	18%	10%	10%

对非毕业年级学生问卷统计分析，得出如下结论：多数同学没有担任体育委员的经历，目前不能胜任体育委员职责。每位同学都有积极的态度，都关注自己体育活动组织能力的提升，愿意参与组织管理能力的锻炼。

（4）通过对毕业年级和非毕业年级学生问卷分析，确定下一步在课堂教学中实施"值日体委"的方法如下。

①给每一位同学提供组织能力锻炼的机会，保留固定体育委员，设置"值日体委"。改变传统的"一班一体委"班级管理运行机制，保证每一位同学拥有组织管理能力的锻炼机会——让每一位同学进行担任体育委员的尝试。

②加强"队列指挥口令"技能训练，明确值日体委职责。在课堂教学

中教会学生指挥队伍的基本口令,并让学生进行分组练习。保留固定体委,值日体委负责课前集合整队、准备部分各种操的指挥和学习过程中队形调动的指挥。

③营造"不怕出问题"的课堂氛围。从问卷统计中可以看出,很多学生怕出错,担心同学的取笑或老师的批评,而不敢去尝试担任体育委员。为了消除学生的顾虑,我们提出了"值日体委的表现只讲优点、不讲不足,不做考评",营造"不怕出错"的课堂教学氛围。每一节课结束,老师要引导同学对每一位"值日体委"的表现进行"亮点评价"。

第二阶段:实施阶段(2013年7月—2016年10月)

(1) 课题实施Ⅰ阶段:体育课堂教学实施"值日体委"轮流制。

①2013年7月—2014年7月,对2011级、2012级、2013级学生在体育课堂教学中保留固定体委,实施"值日体委轮流制"。通过加强指挥口令教学、营造不怕出错的课堂氛围,让每位同学进行3~4次"值日体委"的尝试,使学生组织管理能力在锻炼中得到了一定程度的提高。

②在2014年6月对2010级毕业学生进行问卷调查分析,并与2009级毕业生调查结果进行比较,发现2010级比2009级学生组织能力有提高。可见实施"值日体委轮流制"的方法是有效的。

(2) 课题实施Ⅱ阶段:体育大课间、课外活动、社团活动实施"值日体委 轮流制"。

①2014年8月—2015年7月,对2011级、2012级、2013级、2014级学生在课堂教学的组织中继续实施"值日体委轮流制",并在以班级为单位组织的体育大课间、课外活动和社团活动中也实施"值日体委轮流制",增加学生组织管理能力的锻炼机会。一学年下来,每个学生至少有10次以上的锻炼机会。

②在2015年6月对2011级毕业学生进行问卷调查分析,并与2009、2010级毕业生调查结果进行比较,发现2011级学生比2009级、2010级学生组织能力有较大幅度提高。可见学生参与"值日体委"锻炼的机会越多,学生的组织管理能力就越强。

③在2015年2月根据课题研究的情况、取得的成果,由王清华老师撰写课题研究中期报告。

(3) 课题实施Ⅲ阶段：在课堂教学中实施"学生自主设计游戏、课中组织游戏"和让学生组织"家庭亲子互动游戏"，提升学生体育活动组织能力。

①2015年8月—2016年12月，在校内各项体育活动中继续实施"值日体委轮流制"的基础上，让2012级、2013级、2014级、2015级的"值日体委"进行课前自己设计游戏、课中自己组织游戏。老师提前一周告知学生上课内容，学生根据上课内容和使用器材进行游戏自主设计。"值日体委"提前一节课把游戏设计方案反馈给老师，并与体育教师进行可操作性的商讨，确定最终游戏方案。在上课过程中，"值日体委"把自己设计的游戏规则向同学解释，并组织同学一起进行练习。每节课结束时，老师和每个小组长对"值日体委"设计的游戏进行优点的评价。

②在2016年1月针对家长反映的"学生在家玩网络游戏太多"的现象，对学生和家长开展"家庭教育亲子互动状况"调查。

③自2016年2月开始，推行家庭亲子游戏互动，将学生体育活动组织能力培养的方向向校外和家庭延伸。

④2016年6月对2012级毕业学生进行问卷调查分析，并与2009级、2010级、2011级毕业生调查结果进行比较，发现2012级学生组织能力比2011级学生有较大幅度提高。

⑤课题组开发了团队协作游戏、篮球游戏、足球游戏、亲子互动游戏校本教材。

第三阶段：总结阶段（2016年10月—12月）

在第二阶段研究工作的基础上，总结研究成果，进行分类整理，撰写研究总结报告，并持续进行更深入的研究。

(二) 研究对象

淄博市临淄区齐陵街道第二中学学生。

参照组：2009级全体学生（2013年毕业的学生）。

实验组：2010级、2011级、2012级、2013级、2014级、2015级、2016级全体学生。

(三) 技术路线

首先根据我校学生组织能力现状和中学生心理特点，查阅文献资料、学习《义务教育体育与健康课程标准（2011年版)》，分析学校现有体育活动资源、内容资源，确定研究思路。其次，开展阻碍"值日体委轮流制"实施的问卷调查，找到解决方法，了解学生需求。最后，确定研究步骤开展研究：第一步，在体育课堂教学中实施"值日体委轮流制"；第二步，在体育大课间、课外活动、社团活动的组织管理中实施"值日体委轮流制"；第三步，课堂教学中学生自主设计游戏、组织游戏；第四步，学生在家组织"亲子互动游戏"。

每年6月份对毕业年级学生进行组织能力问卷调查，把统计结果与2013年未参与锻炼学生进行的统计结果进行比较，分析出学生体育活动组织能力的提升状况。

四、研究发现或结论

在研究实践中发现，教师是学校体育课程资源开发的第一主体，学生是学校体育课程开发中的第一资源。课程开发的目的是促进学生能力的提升，要达成此目标，最有效的方式是：了解学生的需求，关注学生的情感体验，让每个孩子在担任"值日体委"和"游戏设计、组织"中感受到成功。

（一）开发活动资源，促进学生体育活动组织能力提升

1.在"值日体委轮流制""课前设计、课中组织游戏""学生组织亲子互动游戏"的锻炼中，学生体育活动组织能力得到明显的提升。

对2010级、2011级、2012级毕业年级学生与2009级学生（2013年毕业，未参与实验）的两个相同问题的问卷进行统计，结果如下。

（1）经过四年的初中学习，你能胜任体育委员的职责吗？

分组	入学年	毕业时间	不知道	不能胜任	基本胜任	胜任
对照年级	2009级	2013年	5%	90%	0	5%
实验年级	2010级	2014年	0	20%	50%	30%
实验年级	2011级	2015年	0	8%	32%	60%
实验年级	2012级	2016年	0	4%	25%	71%

(2)"经过四年的初中学习,你能掌握几种与同伴进行游戏或比赛的方法?"

分组	入学年	3种以下	3~5种	5~8种	8~10种	10种以上
对照年级	2009级	25%	30%	30%	10%	5%
实验年级	2010级	16%	34%	31%	13%	6%
实验年级	2011级	10%	35%	32%	15%	8%
实验年级	2012级	4%	22%	39%	23%	12%

对以上数据统计进行比较,可以看出,实验组的学生在经历"值日体委""课前设计、课中组织游戏""校外亲子互动游戏"的锻炼后,胜任体育委员职责人数和掌握5~8种以上游戏的人数明显增多。结合本课题研究实施步骤、内容,做出以下分析。

(1) 2010级的学生在1年中经过3~4次在"课堂教学中值日体委"的锻炼,组织能力比没有得到锻炼的2009级学生"胜任体委""基本胜任"比例明显增加,掌握游戏种类也有所增加。

(2) 2011级的学生经过了2年"课堂教学中值日体委"的锻炼8~10次和1年"校内活动中值日体委"的锻炼8~10次,组织能力比仅经过1年"课堂教学中值日体委"锻炼的2010级学生高出很大一部分、比没经过锻炼的2009级效果提升更是显著。

(3) 2012级的学生经过3年"课堂教学中值日体委"的锻炼10~12次、2年"校内活动中值日体委"的锻炼16~20次和"游戏设计、组织"2次以及家庭亲子游戏互动组织3~5次,体育活动组织能力提升更加显著。

学生的体育活动组织能力,在"值日体委""课前设计、课上组织游戏""校外亲子互动游戏"的锻炼中得到较大幅度的提高。参与实验年级学生的体育活动组织能力有了明显提高,并且参与锻炼的次数越多,体育活动组织能力就会越强。可以说,在中学生体育活动组织能力培养的研究中,制订的实验步骤是合理的,措施是非常有效的,效果是非常好的。

2.经过"值日体委"的历练,学生实现了自我管理能力的提升。

课题研究开始后不久,与学生交流时,学生反映担任体委确实不容易。因此,当每一位学生都经历了当"值日体委",拥有了"体育活动组织不容易"的感受后,在他不担任"值日体委"时,就会自觉地遵守课堂纪律。

在经历过担任"值日体委"后,学生能够站在他人的角度看问题。在各种活动的组织中,学生自觉地服从老师、同学的指挥。尤其是那些原来比较调皮、课上不太遵守纪律的同学,也一改往日的不良习气,自觉遵守课堂纪律、服从"值日体委"的指挥。

"值日体委轮流制"的实施,不仅是对每个学生体育活动组织能力的提升,同时,也是对学生个人自我管理能力的一种锻炼和提高。

3.学生多维度看待规则,培养学生自觉遵守规则意识。

培养学生的规则意识,让学生"自觉地遵守规则、对规则产生敬畏感"是学校教育要达成的一个很重要的目标。在对学生进行体育活动组织能力培养的同时,也能够更好地完成对每个学生规则意识的培养。

(1)在岗位轮流中,潜移默化地完成对学生规则意识的培养。在"值日体委"的岗位体验中,学生对"值日体委"岗位职责的认同和按照指定序号进行"值日体委"的锻炼这一过程,就是对"值日体委轮流制"规则的遵守。因此,对每个学生实施的"值日体委轮流制",也是在潜移默化地对学生进行规则意识的培养。

(2)在游戏的"设计、组织、参与"中,要多角度地对学生进行规则意识的体验和培养。在每个游戏中,一定会涉及规则的问题,无论是设计者、组织者还是参与者,都要首先考虑。在以往的教学中,学生只能作为参与者,规则就如同他人对自己的约束,因此经常出现违规情况。

在本课题研究中,课堂"游戏设计、组织""家庭亲子互动游戏的组织",让每个学生有机会从游戏的设计者、组织者、参与者三个不同的维度去看待规则并且去实践、体验。对设计者来说,规则意味着安全、有趣;对于组织者来说,规则意味着公平、有序;对于参与者来说,规则意味着条件、有效。学生在游戏设计时对规则的认同、组织中对规则的执行、参与中对规则的遵守,是对每个学生进行规则意识培养的最好资源。

4.利用游戏中的"创新"契机，实现对学生创新能力的培养。

在每个游戏中，蕴藏了许多培养学生创新意识和能力的契机，充分利用这些契机可以实现对学生创新能力的培养。

(1) 游戏设计，为学生提供培养创新能力的锻炼机会。

在本课题研究中，学生根据上课内容进行"课堂游戏设计"，这为每个学生提供了创新体验的机会，是培养学生创新能力的有效方法。老师提前一周告知学生上课内容，指导学生根据上课内容和使用的器材进行游戏设计。在游戏设计时，学生可利用网络、求助老师、寻求同学的帮助。"值日体委"提前一节课把游戏设计方案反馈给老师，并与体育教师做好可操作性的商讨，确定最终游戏实施方案。让学生自己设计游戏，不仅把学生组织管理能力的提升推向一个更高的层次，更是对学生创新能力的培养。

(2) 游戏参与，引导学生探究规则，锻炼学生创新能力。

在每一节课中为学生留出10分钟左右的时间，让"值日体委"带领全体同学参与他设计的游戏。在游戏进行之前，引导学生先去领悟比赛规则，这就为学生提供了独立思考的机会。在每个学生对规则进行领悟的基础上，再去思考采用"什么样的方式、方法才能取胜"。渴望取得比赛的胜利，是每个人参与游戏比赛的初衷。比赛一轮结束后，再给学生留出调整取胜策略的机会，争取下轮比赛的胜利。

学生个人对取胜策略的思考、探究、调整，不仅调动了学生参与游戏的积极性，也为学生提供了发挥聪明才智的空间，更是对学生创新能力的锻炼和培养。那些单纯为了组织游戏而进行的游戏，因为缺少了学生对规则的探究，学生的参与积极性就打了折扣，也让学生失去锻炼创新能力的机会。

5.在三种活动组织体验中，促进语言表达沟通能力提升。

本课题研究中，"值日体委"在指挥班级队伍的调动时要使用专门的指挥口令，才能让其他同学明白他的想法和要求；课堂游戏的组织，多数情况下通过"值日体委"用语言描述完成游戏规则的阐述；家庭亲子互动游戏的组织，也是学生用语言向父母解释游戏的规则，这些都为学生提供了与他人沟通、运用语言表达自己意图的锻炼机会。各项体育活动组织的过程，都是学生用语言与他人沟通的过程。因此，每个学生组织能力得到提升的同时，也能够提高个人的语言表达能力和沟通能力。

6.配合"值日体委"探究游戏规则，提升学生的合作能力。

（1）对"值日体委"的配合，提高学生的合作能力。

每一项体育活动的组织，都需要指挥者与成员的合作。在"值日体委"的体验中，当每一位同学体验到组织活动的不容易后，就会主动地配合"值日体委"的指挥。这种配合"值日体委"的做法，就是对学生合作意识和能力的培养。

（2）小组探究、执行取胜策略中，增强合作意识和能力。

多数游戏采用的组织形式，是在几个小组对抗中进行的，每个小组都渴望能够取得比赛的胜利。赛前让每个小组成员对游戏规则进行个人领悟后，①引导每个小组成员对"取胜策略、如何分工、如何合作"进行讨论，达成共识；②小组的每个成员要在游戏进行中，执行团队成员之前达成的取胜策略共识、服从组长的指挥，促成小组各成员之间的合作；③在下一轮比赛之前，一定要给予每个小组"取胜策略"调整的机会。以上这三点，都为培养学生的合作能力提供了良好的锻炼机会。

7.探究游戏过程体验，提升育人价值，培养学生的团队观念。

每个游戏结束后，让学生谈谈"如何取胜""为什么会失败""参与这个游戏想到了什么""参与这个游戏有什么感受"。引导学生表达自己的参与感受、体验，学生无论做出什么样的回答，都是对活动体验的感受，没有对错之分。因此，在尊重学生体验表达的基础上，引领学生明白，每个小组取胜的关键，概括起来有以下五点：第一，不能违规；第二，要有一个好的领导；第三，要有很好的取胜策略（团队的智慧）；第四，有很强的执行力；第五，要有全局观念。学生无论是作为小组的成员，还是指挥，首先要有大局观，服从领导，听从指挥，才会取得最后的胜利。最后将游戏体验引领到"怎么做人、怎么做事"上，让学生在"如何做人、如何做事"的领悟中明白游戏的育人价值，实现对学生团队观念的培养。

（二）开展课题研究，促进课题组成员专业能力提升

体育教师是体育与健康课程资源开发的主体，也是重要资源。问题思考，是本课题的研究起点，问题研究是创新的起点，也是本课题研究的一

大特色。课题组成员的"问题反思和问题解决意识强",针对"学生组织能力差、不能胜任体育委员职责""值日体委轮流制无法实施"等问题开展自我反思、讨论。通过调研学生,了解学生需求,站在学生立场分析问题,最后上升到从课程资源开发的角度去看待问题、解决问题。

1.实际问题研究,提高成员问题研究意识和课程资源分析能力。

要对每个学生进行组织能力培养的提升,需要找到"体育委员的岗位无法实施轮流制度"的原因。再针对"影响学生体育活动组织管理能力的阻力"设计问卷对全体学生进行调查。通过统计分析,找到的原因是教师忽视了对全体同学进行"体育委员"这一特殊岗位的技能培训!

对学校体育活动时间资源进行统计,把"体育课堂学习活动、体育大课间活动、课外体育活动、体育社团活动"变成学生组织能力锻炼的机会,实施体委轮流制,让每个学生积极主动地参与到这些体育活动的组织管理中;对学校体育教材内容进行统计分析时,找到了让学生自己进行课前游戏设计、课上组织游戏的方法,把"课堂游戏设计、组织"变成培养学生体育活动组织能力的资源;根据家长反映问题,将体育游戏的组织延伸到校外和家庭来锻炼学生的组织能力,缓解青春期孩子与父母之间的冲突,融洽亲子关系。

通过对问题的研究分析,把学校的体育课程资源进行归类、分析,提高了参与教师的课程资源分析综合能力。

2.课题研究实践,促进老师教育观念的转变:从学生的立场看问题。

课题研究的过程,也就是不断地发现问题、研究问题、解决问题的过程。在实际的教育教学中,从教师立场看问题的现象还是非常严重的,教师遇到问题很容易从成年人的角度思考解决方法,处理效果往往不是太好。换一个角度看问题,就会有不一样的收获。在中学生体育活动组织能力培养的研究中,对于出现的问题,老师们都是通过"从学生调研开始,了解学生的需求",站在学生的角度看问题,找到有效解决问题的办法。因此,从学生的立场看待问题,成为我们课题组成员解决问题的基本思路和有效法宝。课题组成员的教育观念,也在不知不觉中实现了从"教师立场向学生立场"的转变。

3.了解学生需求,把体育课堂打造成让每个学生感受成功的课堂。

对"如果你认为自己不能胜任体育委员,你认为是什么原因导致的?"问题的统计结果是:怕同学取笑10%、怕老师批评10%。

从统计结果可以看出学生的担忧,怕出错、怕同学的取笑、怕老师的批评,这些都是学生真实的内心需求。这说明在我们以往的教学中存在当某同学出现错误时,有些同学有取笑他人的问题;面对学生出现的错误,老师采用了批评指责的教育方式。这些做法,根本不能调动学生参与体育学习的积极性,更不能培养起学生对体育的兴趣。这也是导致一些同学可能会喊指挥口令,但因为怕出错不愿意去尝试担任体育委员。

因此,我们老师需要从自身做起,宽容地对待每个学生,用优雅的方式处理学生的错误,给学生树立宽容待人的榜样;当学生中出现取笑他人行为时,也需要老师做好引导,让每一个学生学会宽容地对待他人。

老师们了解了学生的真实需求和意识到教育方式中存在的问题后,采用了"值日体委的表现只讲优点,不讲不足,不做考评"的做法,同学们都积极报名争当"值日体委",学生的主动性一下子就被调动了起来。

在这种"不怕出错"课堂教学氛围的创设下,每位同学都能够感受到老师对他的关注、同学之间的尊重、参与活动的快乐、学习上的成功。对"值日体委进行亮点评价"的做法,让学生在组织能力锻炼中感受到成功、看到自己的进步,激发了学生主动参与组织管理锻炼的动机,还增强了学生对体育的兴趣。对于初中学生来说,成功才是成功之母!把体育课堂打造成让每个学生感受到成功的课堂,才是激发学生主动参与、增强学生体育兴趣的有效方法。

4.读懂动机和需求,促进教师教育评价能力提升。

快乐至上是每个人心中最真实的心理需求,每个学生都渴望在课堂学习、比赛活动中得到老师的肯定和欣赏。正如调查中反映出来的,很多学生担心同学的取笑和老师的批评。老师对学生的欣赏和肯定能够消除学生的顾虑,也能够促进教师个人教育评价能力的提高。

(1)"赏识成功"是每个老师比较容易做到的事。

老师从每个同学担任"值日体委""课堂学习、练习""游戏设计、组织"中,发现学生的优秀行为,及时地进行鼓励和肯定,调动学生参与、组织活动的积极性。相对来说,关注学生的优秀行为、赏识优秀行为,这是每个老师比较容易做到的事。

(2)"赏识错误"是提高教师教育评价能力的契机。

对学生错误行为的赏识,需要教师能够读懂学生行为背后的需求和动机。每一种行为,即使是错误行为,也蕴含着促进学生成长的积极因素。而这些积极因素的寻找,就是通过分析"学生错误行为背后做事的需求、动机"。一般行为背后做事的动机都是积极的、正向的。欣赏学生做事的动机,就是对问题学生进行赏识和肯定的点,是找到促进他们成长积极因素的有效方法。

经常出现错误行为的学生,更渴望得到老师对他的赏识和鼓励。只有当老师能够对学生错误行为动机进行赏识时,学生才敢于面对自己的错误,并从中找到利于自己成长的积极因素。赏识学生的错误行为动机,是对老师教育智慧的真正提升,也为学生欣赏他人做出良好的榜样。

5.课程资源研究,促进教师课堂教学设计创新能力提升。

教师的创新能力是提高课堂教学实效的关键。新颖的教法、独特的组织方法和器材功能的开发,都是教师创新能力的体现。课题研究期间,在与课题组成员的研讨、与校外同行教师的交谈、进行文献资料的学习中,提炼出展现体育教师创新能力的五个方面。

(1)把握每项技术动作的"三点",提高教师的创新能力。

教师课堂教学能力的创新,是在把握了每项技术动作重点、难点、要点口诀的基础上进行的。教师教学创新也是在对每项技术动作"三点"的掌握中实现的。①明确每一项运动技术教学的重点和难点,创编辅助练习的操或游戏。②利用口诀进行技术动作要点的归纳。例如,排球正面上手传球预备姿势的要点归纳,三屈:膝、肘、髋;二仰:头、手腕;一稳定:身体重心稳。

(2) 研究各项技术的动作原理和力学原理,提高教师的创新能力。

各项技术的动作原理和力学原理,是解决教学难点的关键,也是提高学习效果的有效方法。如健美操学习中,要解决手臂动作松散、无力的问题。通过让学生体验"手指瞬间并紧"的动作,让学生明白"力度的体现是通过肢体的远端瞬时用力来完成的"。

(3) 研究学理,突破对竞技规则的固守,提高教师的创新能力。

学理,就是学习的规律,通过与学生交流,了解每项教学内容对学生形成的心理障碍、学生的兴趣点,把握学生的学习规律;通过对竞技规则的改变,让学生体验成功,感受到体育的乐趣。

①研究每项教学内容对学生可能形成的心理障碍。如,背越式跳高教材,学生容易出现怕摔、怕碰、怕伤等心理障碍。通过与学生交流,了解每项教学内容对学生形成心理障碍的原因,就能够找到适合学生心理特点的解决方法,提高教学效果。

②研究每项教学内容中学生的兴趣点。通过与学生交流,找到每项教学内容中学生的兴趣点。如篮球,学生最感兴趣的地方是把球投进篮筐。因此,在篮球教学中,按照"先教学生投篮、再教学生传球和投篮、最后教运球和投篮"要比"先教运球、再教传球、最后教投篮"效果好。通过对学生学习心理和兴趣点的研究,老师能够找到适合学生学习的教学方法。

③突破传统竞技规则的固守,找到适合学生学习的练习方法。在教学中,老师对各项竞技比赛规则的固守,是阻碍教学方法创新的桎梏,也是多数学生成为学习失败者、抹杀学生练习积极性的原因。

教师对竞技场地、器材的改变,更容易让学生感受运动的成功,找到自信,感受到体育的乐趣。

(4) 拓展现有场地、器材功能,提高教师的创新能力。

对现有体育器材的使用方法和功能进行拓展。如,把几根长跳绳首尾相接,让学生左手抓绳一起跑。再如,用篮球或足球进行实心球的教学。这些方法都会促进教师创新能力的提高。

(5) 在新体育项目的开发中，提高教师的创新能力。

在继承传统体育项目的基础上，通过对比赛规则或器材的改变，形成本校的新体育项目。如，临沂大学的木球就是通过"嫁接"而诞生的。木球的挥杆动作，是对高尔夫挥杆动作的改进。比赛的场地和门桩，是对门球场地、器材的改进。

通过课程资源开发，引导体育老师发挥自己的聪明才智，提高老师的创新意识和能力；用新颖而有效的方法调动学生参与学习的积极性，使每个学生体验到体育的乐趣！

6.开展课题研究，促进教师读书意识的增强以及学习能力的提高。

老师积极参与体育学科专业学习、研讨活动，可以提高自己的专业能力。课题组成员认真参与临淄区学科教研活动，有多位老师在区级体育学科教研中执教公开课，并认真撰写学习体会，积极参与山东省网络研修学习，2位老师获得远程研修优秀学员。

"读书—反思—写作"是每一位教师专业成长和个人发展的必由之路。在课题研究的同时，课题组成员不仅通过查阅资料进行专业知识的学习，还一起开展了对教育学、心理学书籍的阅读、交流学习活动，促进了自我成长。"学然后知不足"，在学习中才能看到自己的不足，找准下一步努力的方向。在学习中，课题组成员不仅教学技巧有所提高，而且对教育的思考也更加深入。如：刘宪成、宋超老师撰写的文章《〈21世纪技能〉带给我的教育思考》在2016年10月《科学中国人》杂志上发表。在课题研究中，老师们的读书意识得到了增强，学习能力得到了提高。

7.开展课题研究，促进体育教师课程资源整合能力的提高。

(1) 整合民族传统体育项目与现代体育课堂教学。

我国的民族传统体育项目中蕴藏着丰富的学校体育资源。加强民族传统体育项目的研究，并对传统项目进行收集整理后结合时代要求带到体育课堂进行练习，可调动学生参与的积极性。临淄是世界足球起源地,蹴鞠是足球运动的雏形，我在足球课堂教学中把足球基本技术与蹴鞠技术进行融合。课题组成员李涛老师，将少数民族的体育运动项目进行改造，在课堂教学中取得很好的教学效果。与篮球运动相近的珍珠球运动，可以运用篮球基本技术进行组织教学，以满足不同层次学生参与篮球运动的需求。

把田径项目与双飞舞比赛结合起来，提高学生参与的兴趣。李涛老师参与撰写的《民族传统体育与体育教学结合探究》论文，就对民族传统体育与现代体育的融合进行了有益探索。

（2）参与信息技术比赛和实践活动，促进信息技术与体育课堂教学的整合。

①信息技术在教学中的运用日益广泛，但因在体育课堂教学中受到场地设备限制还没有得到广泛的应用。不过利用手机、DV、摄像机等信息技术设备，在课堂教学中对学生学习过程进行记录、回放，让学生进行自我纠错，有非常好的效果。

②结合全国的"一师一优课"评选活动，开展教师个人优课的录制，提高教师信息技术应用能力。王清华老师录制的健美操，在淄博市"一师一优课，一课一名师"活动中被评为市级优课。另外，各位老师积极进行体育微课的制作，并将作品上传至网络参与评选，这无形中提高了教师的个人信息技术应用能力。

③参与全国中小学信息技术创新与实践大赛（NOC），促进信息技术与体育教学的融合。2016年课题组成员积极录制作品参与全国NOC比赛，虽未获奖，但却把其中的"校园NO.1"的思路借用了到我校体育节的设计和组织中。我校录制的体育节案例"我们的精彩——校园NO.1"在淄博市体育活动案例评选中获得优秀奖、在山东省体育活动案例评选中也获得优秀奖。

④课题组成员李华老师在体育课堂教学中使用信息技术，激发学生对体育的兴趣，取得较好的教学效果。其撰写的《信息技术与小学体育课程整合初探》在《中国信息技术教育》杂志上发表。

8.立足课题研究，促进体育教师与学生合作能力的提高。

本课题研究过程中出现的问题都是通过调研学生，从学生立场看问题，找到问题解决的方法。过去的教学大多都是学生与老师配合，按照老师的设计进行学习，因此出现了"学生喜欢体育但不喜欢体育课"现象，学生对体育学习不积极、兴趣不高。当从学生的角度去看待体育课的学习时，老师就会从"了解学生的兴趣""了解学生的需求"入手，然后找到每个项目中学生最感兴趣的点和恐惧的点。在满足学生需求、消除学生恐惧的行动中，学生参与体育锻炼的动机得到了激发，学生对体育的兴趣得到了激发。这个过程，都是老师用自己的行动去配合学生的学习。"尊重学生的主体地位，发挥教师的主导作用"，在本课题的研究中得到真正的体现。让每一个学生担任"值日体委""设计、组织课堂游戏""在家庭组织亲子互动游戏"，都是将学生放在主体的位置上，充分发挥学生的主观能动性。因此说，本课题的研究提高了老师与学生合作的能力。

9.课程资源开发，促进教师成长，提升教师感受职业幸福的能力。

教育工作是一项比较容易感受到成长和体验成长幸福的职业。在本课题研究中，每一个问题的解决，都是老师个人对自我挑战成功的美好体验，也是对老师个人自我价值实现的一种肯定。对每个同学的赏识，实际上就是老师对自己研究成果的欣赏和认可。读懂学生的行为，尤其是读懂学生的失败和错误行为，就是老师个人幸福能力修炼和教育智慧提升的标志。

教师的幸福，是看到孩子的进步和成长。体育活动组织能力培养，为老师们设立了一个能够清楚地观察到学生成功和进步的观测点。在"不怕出错"教学氛围的创设中，每一个孩子能够体验到成功，老师也能看到孩子的进步，感受到创造带给自己的幸福。

老师在对学生成功乃至错误或失败的赏识中，找到了教育工作的职业魅力——让学生幸福，自己也能感受到职业的幸福。因此，本课题的研究，不仅能够实现体育课程资源的开发，给参与老师带来专业能力的提高，还能够带给老师职业幸福感和职业幸福能力的提升。

(三) 用好学生资源，了解学生真实需求，关注学生情感体验

本课题的研究思路是"发现问题—调研学生需求—站在学生立场分析问题—找到解决方法"。先从解决"为什么体育委员无法实施轮流制度"问题入手，了解学生组织能力现状和学生需求，从学生立场看待问题，找到提升学生体育活动组织能力的方法。研究中后续出现的"如何进一步拓宽学生体育活动组织能力的锻炼空间"和"如何让体育活动在校外得到延伸"问题也是利用以上研究思路进行解决的，实现对学校体育课程资源的开发研究。因此，这一研究思路，对于其他学校进行体育课程资源的开

发，有非常积极的借鉴意义。

（四）实施"值日体委轮流制"，提高校内体育活动组织管理实效

在体育大课间、课外活动和社团活动组织管理中实施保留"固定体委"和"值日体委"轮流的方法，不仅增加了每个学生锻炼组织能力的机会，而且增强了学生的团队意识、同学之间的配合意识，提高了学生的个人自我管理能力。随着学生个人组织管理能力的提高，课间操活动和社团活动更加有序，学生参与体育活动的积极性得到了很好的调动。在各项体育活动中学生不仅展现出了对自己的信心，也能够与同伴进行很好的沟通和协作。正如课题成员班主任张强老师说的"我们班的课间操，随便找个学生就能指挥得很好"。这也是我们课题组成员希望达到的目标。

（五）家庭亲子游戏互动，拓宽学生体育活动组织能力锻炼空间

在与家长的交流中，很多家长反映孩子在家的娱乐活动就是利用手机、计算机玩网络游戏，较少参与体育活动。根据家长反馈学生周末很少进行体育活动的情况，课题组向学生进行调研。根据学生反映家长不和他们一起玩游戏的情况，课题组向家长进行"你与孩子一起玩过哪几种游戏"的问卷调查。最后，我们找到了问题的症结：家长会玩的游戏太少。

于是我们让学生掌握室内体育游戏组织方法，回家与家长一起进行活动。每周教学生一个能够在室内进行的、参与人数不多、需用器材简单或不用器材的小游戏，如萝卜蹲游戏、地面或墙面投准游戏、推手游戏等。老师给学生布置家庭体育作业，要求学生与家长或小伙伴一起进行互动练习。学生在与家长进行游戏互动的过程中，不仅提高了体育活动组织管理能力，还缓解了与父母的矛盾冲突。

为了满足家庭亲子互动游戏的开展，我们整理了学生设计的游戏，从中挑选了一部分适合在家庭进行的小游戏，还通过网上搜索、查阅资料等，形成了我校的亲子互动游戏类校本教材。

五、分析和讨论

通过2016年、2015年、2014年与2013年毕业的学生"两个相同问题"问卷结果对比，可以看出学生的体育活动组织能力在锻炼中得到较大

幅度的提高，并且随着锻炼次数的增多，学生组织能力越来越强。因此，在学校体育活动的组织管理中，尽可能让学生进行组织管理，不仅能提高活动管理实效，还能为学生提供组织能力锻炼的机会和平台。

中学生体育活动组织能力的培养，是我校体育与健康课程资源开发的切入点。在课程开发研究中，一是充分利用了学生资源，开展问卷调查，了解学生的需求，找准研究方向；二是充分利用了教师资源，发挥了体育教师的主观能动性；三是充分挖掘校内体育活动时间资源；四是分析各类教材中有效的内容资源，把"课前游戏设计、课中游戏组织"和"校外家庭游戏延伸"作为调动学生积极性、培养锻炼习惯的方法。

"遇到问题站到学生立场思考解决策略"的研究思路，是本课题研究顺利实施的法宝。课题的研究思路是"发现问题—调研学生需求—站在学生立场分析问题—找到解决方法"。从解决教学中出现"为什么体育委员无法实施轮流制度"的问题入手，了解学生组织能力现状和需求，站在学生视角看待问题，找到提升学生体育活动组织能力的方法。在研究中后续出现的"如何进一步拓宽学生体育活动组织能力锻炼空间"和"如何让体育活动在校外得到延伸"问题也是利用以上研究思路进行解决的，在对问题的解决中实现对学校体育课程资源的开发研究。因此，这种研究思路，对于学校进行其他体育课程资源的开发，也有非常积极的借鉴意义。

在"中学生体育活动组织能力培养"课题研究中运用的措施，一是教会学生"指挥口令"，创设"不怕出错""体验成功"的课堂氛围，引导学生愿意在课堂教学中担任"值日体委"；二是把"值日体委轮流制"扩展到体育大课间、课外活动和社团活动的组织管理中；三是在体育课堂上引导"学生自主设计游戏、组织游戏"；四是把游戏组织延伸到家庭、扩展到校外，使学生的体育活动组织能力在组织各种体育活动的锻炼中逐步提高。

中学生体育活动组织能力培养的研究，让每个学生轮流担任"值日体委"，促进了学生个人组织管理能力的提高；带动了学生合作意识的增强、自我管理能力的提高；引领学生主动参与体育活动，提高各项体育活动效果。这是我校体育课程资源开发的有效方法，值得同行学习和借鉴。

课题研究中,"值日体委轮流制"的实施、"课前设计、课上组织"游戏、亲子互动游戏的延伸,分步实施、逐步提升难度,是提升学生体育活动组织能力的途径,也是我校体育课程资源开发取得成功的有效策略。

六、建议

通过本课题的实践研究,我们取得了一些成绩,但仍有一些问题有待进一步改进与深入研究。主要有以下几点。

1.本课题的研究中,我们先实施"值日体委轮流制",再进行"游戏的设计、组织",最后开展"家庭亲子互动游戏"的组织,这三个措施是否能够同步实施?如果能够同步实施,效果是比分步进行好还是一样?

2.在每个项目教学或练习中,造成学生紧张和恐惧的点是不同的。如何找准每个项目教学或练习中学生的恐惧点?

3.在研究中我们还发现,学生活动组织能力受个人自信心的影响很大。那么,学生自信不足的深层原因是什么?

4.亲子互动游戏的开展,更适合于亲子关系相对不错的家庭,而对于亲子矛盾冲突已经很激烈的家庭会有效吗?如果无效将采取什么方法?

5.体育课程资源的开发有哪几种方式?是否还有更适合的方法?

6.课堂教学中,每节课的准备活动是否可以完全放手让学生去设计、组织?有多少学生能够做到?

在今后的工作中,我们将立足于每个学生体育活动组织能力的提升,以更积极的态度、更饱满的热情投身于体育课程资源的开发中。在教学中遇到任何问题,从学生的立场看待问题,以"了解学生的需求,提升学生的能力"为出发点,充分挖掘校内外体育课程资源,促进教师的专业成长和学生的健康发展。相信在各位专家的指导下,我们学校的"中学生体育活动组织能力培养的研究"一定会结出更加丰硕的果实。

听出来的顿悟

什么样的老师才是"专业老师"？专业老师的想法，源于2008年的春天，我开的第一辆车出现了后轮响动的故障，找了好几个修车的地方都没有解决。我时常因为车子的故障而烦恼。当我到汽配城修车时，一个年轻的小伙子坐到我车上，在行驶了200米后对车的故障得出了结论：后轮轴承坏了。经过十分钟的修理后，后轮响动故障得到了排除。小伙子对车子故障的准确判断，让我真心佩服，这才是专业的修车人才。

联系到自己的教学工作，自感惭愧，虽然在教学方面也取得了一些成绩，但始终感觉自己不是一名很"专业"的教师。因为在面对学生出现的一些问题时，我有时不能做出准确判断。我也在叩问自己，什么时候我也能成为像修车小伙这样的"专业老师"呢？

带着对"专业老师"的思考，不知不觉走到了2013年。这一年中，我参加了心理咨询师的学习，促进了自己的心理成长，摸到了心理成长规律的脉搏；参加了省培学习，促进了自己教育理念的转变，找到了专业成长的努力方向。

一、明白"专业教师"真实内涵：了解学生心理成长规律

回顾我的学生生涯，伴随我成长的，有长辈和老师们的表扬，同时，也有哥哥的叛逆和母亲的哭泣。回想起来，母亲的哭泣伴随我高三和大学至少三年的时间，促使我内心产生一种对心理规律探求的渴望。

在参加工作十几年的时间里，每每听到我教过的学生在社会上犯错，心中就会产生一种莫名的疼痛。我一直在思考，我们的教育究竟在哪里出现了问题，我心中急切地想找到答案，但由于没有进行持续的深入研究，问题依然还是问题。

2013年4月，我在临淄中学聆听了《中国教师报》的编辑老师关于课堂教学改革的报告，他提出，每个学校都应该有专门研究学生心理规律的机构。当时，我便产生了想参与的想法，但心中却存有相当多的疑惑：

研究要从哪里着手？我能不能做好？

机缘巧合，我参加了心理咨询师的学习。渐渐地，在学习中，我找到了困扰自己多年的问题的答案，也认识到了解学生心理成长规律的必要性。一旦掌握了学生心理成长规律，老师面对学生的许多问题都能够迎刃而解。

1.学习促进心理成长，实现"第三次重生"。每个人的成长需要经历三次"重生"：第一次是精子与卵子结合；第二次是初生婴儿在剪断脐带的一瞬间；第三次是个人心理上的成长。对心理咨询方面知识的学习，促进了我个人心理上的成长。在学习中，各位专家结合咨询案例的理论讲解，给了我很多触动。我感觉自己内心也在悄悄地发生变化。

2.借鉴心理咨询关系，建立良好师生关系。真诚、热情、无条件接纳是咨询师与咨询者之间良好咨询关系建立的必备条件。我认为，这也是良好师生关系建立的必要条件，也可以作为良好师生关系的评价标准。在今后的教育教学中，我将会真诚、热情、无条件接纳每一个学生，做一名新型师生关系的引领者。

3.了解学生内心需求，化解师生问题危机。老师只有了解学生的心理变化规律，才能够了解学生的内心需求。当学生出现问题时，老师就很容易找到学生问题的症结所在。老师对问题的处理，要站在学生渴望的立场上，才能使学生敢于面对自己出现的问题、主动地接受应该承担的责任，使问题危机从容地化解。

二、明确"专业教师"业务内涵：深钻教材做好体育科研

（一）找准课堂教学提高方向

在学习中，日照高级实验学校的特级教师秦泗胜老师对教材的研究非常深入，引起我内心的共鸣，让我找到了教材钻研的前进方向。秦老师对各种技术动作原理进行研究，而我对教材的研究仅仅是在各项运动技术的知识点和方法上，相较之下，秦老师对教材的研究更加透彻。结合秦老师的报告，仔细反思自己的教学，秦老师展示的各类教材的教学方法，让我耳目一新。我个人认为，这些新颖的教学方法，应该都来源于他对教材的

深入研究。在今后的教学中，我将会把更多精力投入到技术动作和学理规律的深入钻研中，力求在学理与技术教学的结合上找到创新点。

（二）找到体育科研努力方向

在我们老师中，一提到科研，多数人想到的是教材、教学方法和课题的研究。其实，这些仅仅是科研的一小部分内容。在听山东大学体育学院院长孙晋海教授的报告时，我明白了工作在一线的体育教师缺少的不是研究的资源，而是研究的视野和方法。实际上，在我们的教育和教学中，拥有大量的研究资源。我们身边的人（学生、教师）、财（教学经费）、物（教学场馆、器材、仪器设备、图书资料等）、时间（教师教学时间，管理者管理时间，计划制订、实施和控制时间）、信息（外部信息交流、情报、指令和消息，内部教学文档），都是值得我们进行研究的资源。在一些村庄中有民间体育、民间技艺、民间游戏，因此，农村学校的体育课程研究资源更加丰富。

在今后的科研道路上，我会利用学到的科研方法，扎实地开展农村体育的研究。

三、领悟"专业教师"教育内涵：游戏拓展提升育人价值

我在"生本教育"理念的学习中，了解到学生认识事物的规律是先体验后感知。我在教学中，也非常注重学生的体验式学习，但育人的效果还是不尽如人意。

在省培学习中，我亲身参与了北京师范大学陈飞星教授的"游戏拓展"，这给我的教育理念带来了全新的冲击。反思我个人的教育教学和学校的德育管理，我发现还没有真正地把学生作为学习的主体，给学生创造的体验机会还有点儿太少。在今后的教学和管理中，我会利用体育课、课外活动、体育节，给学生创造更多的体验机会，让学生在游戏规则的理解、讨论中，提高创新能力；让学生在团队的配合中，体验如何协作和服从指挥；让学生在游戏结束后的拓展中，领悟"如何做人、如何做事"。

四、寻找"专业教师"人生内涵：找准自己人生努力方向

省培学习的第一天，是参观张寿民老先生（曾任临沂师范校长）书法馆和王小古（曾任临沂教育学院副教授）艺术馆，虽然我对书法和绘画不太懂，但也被张老和王老作品中体现出来的老一辈教育家的风采所感动。于是我叩问自己，我能够用什么体现为教育付出的这一生？

后来在整理自己的各种学习感悟时，发现每一篇感悟都像我成长的一个脚印。那么，用文字记录下我的教育故事，就是我成为"专业教师"的一条途径。在接下来的工作和学习中，我将会认真做好课堂教学和学生运动需求的研究，把握学生的心理变化规律，提高自己的教学能力，写好自己的教育故事。

读懂需求，写好教育故事

身边的人力资源，是促进我们专业成长的第一大资源。对于人力资源的研究，从问题思考出发，从"读懂每个人的需求"做起。我们身边的人力资源包括自己、学校的体育同行、领导、同事（体育老师之外的其他老师）、学生、家长、临淄区项目研究共同体、教研员、大学同学、大学老师、各级体育专家。对于我个人的专业成长，这些人都从不同的角度、起到不同的助推作用。

一、了解自己的需求，写好"自己的教育故事"

每一位体育老师，在体育课程资源开发过程中都起着核心作用，是最宝贵的体育课程资源。要进行体育课程资源开发，需要思考以下六个问题。

1.我是否能对课程标准、各类政策文件进行学习和研究，能否把握体育教学和管理的方向？

2.我是否能够掌握每一项运动技术的技术结构，明确教学的重点和难点？是否了解各项技术动作要点归纳的常用方法？

3.我是否能够经常进行各项技术动作原理和力学原理的研究？

4.我自己的优势：自己能干什么？自己喜欢干什么？（课堂教学中，我能上哪些内容？业余训练中，我能带哪几个项目？）

5.我的弱点是什么？

6.在专业发展方面，我是选择"扬长"还是"补短"？

通过对以上问题的思考，认真研究好自己，了解自己的需求。

二、研究学校的体育同行，写好"我与同事的故事"

我相信每一位体育老师都有自己的专业成长需求。那么，我们学校的体育同行就是体育老师专业成长的共同体。"一个人可以走得更快，一群人可以走得更远。"专业成长不是短期效益，而是一个团队、一个人长远的发展目标。每一位体育同行的身上都有值得他人学习的地方，在此需要认真地思考：在专业成长方面，我能从他们身上学到什么？在做人方面学什么？在做事方面学什么？

我始终认为，在我们学校的体育团队中，每个人身上都有值得我认真学习的地方。我们学校的陈新燕老师，是淄博市优质课一等奖获得者，她的每一节日常课都是很好的公开课；谭晓峰老师，淄博市优秀篮球教练，在训练或者聊天时，我经常向他学习如何带队进行篮球训练和如何进行篮球教学；王清华，山东省优质课二等奖、淄博市优质课一等奖获得者，敢于创新，与学生关系融洽；王文涛，优秀的足球老师，对于足球训练的研究非常深入；魏建立老师，心态平和、善于鼓励孩子。

在与体育同行相处中的很多互帮互助的故事，或是从矛盾冲突到和平相处的故事，都值得用文字记录下来。这就是"我与同事的故事"最好的写作素材。

三、研究学校领导的需求，写好"我与领导的故事"

每一所学校的领导都希望看到老师的专业成长。我认为，学校领导是体育老师专业成长的最大支持者。目前，多数学校的校长都是非体育专业的老师。因此在与领导进行体育工作的交流时，首先要考虑，"领导懂不懂体育？"，如果领导不懂体育，那"怎样去跟领导沟通？与领导谈什么？""怎样让学校领导成为体育老师专业成长的最大支持者？""怎样让不懂体育的领导支持体育工作？"。通过对以上几个问题的思考，了解领导对学校体育的期待，认真干好本职工作。另外，还有一个很重要的问题是"向领导学什么？"，相信每一位体育老师在与学校领导的相处中会发生很多故事，这些也可以用文字记录下来。

四、研究同事（非体育老师）的需求，写好"我与同事的故事"

作为体育老师，要有"跳出体育看体育"的思维。这里的同事是指体育老师之外的其他老师，他们对学校体育的看法，可以让我们多一个看待体育的视角。因此，我们需要思考：如何与他们合作？尤其是教同一个班的老师，如何一起研究学生，发现学生的优点？如何与他们谈体育学科的育人价值？我们要先知道体育学科的育人价值才能跟他们聊。如何让他们支持学校的体育工作？在平时的工作中，用扎实的工作作风、积极的工作态度，去赢得不懂体育的老师对体育工作的支持。另外，还需要思考：提高体育课堂教学实效，需要向他们学什么？与非体育老师之间的故事可能会更多，也可以成为"我与同事的故事"的一部分。

五、研究学生的运动需求，写好"我与学生的故事"

学生是体育老师最宝贵的研究资源。通过多种方式，与学生进行沟通，了解学生对体育的需求。还需要思考："如何调动学生课堂、课外学习的主动性？""'一生一案'在校外能不能得到落实？"举个例子，如果把我们的课堂比作饭店，把体育老师比作饭店的老板，寻么，学生就是顾客。在我们现行的教学模式下，学生能不能成为我的"回头客"？从这个视角可以反思我们的体育教学。

在与学生的相处中，一定会有许多值得记录的感动瞬间。这些瞬间就是"我与学生的故事"，是自己教育故事最主要的内容。

六、研究家长需求，写好"我与学生家长的故事"

家长是非常值得研究的资源。伴随着新的体育中考方案的改革，多数家长成为学生锻炼的支持者。需要思考：怎样指导家长监督学生进行课外锻炼？"一生一案"在校外怎么落实？这就需要了解家长的需求，让家长懂得体育的育人价值，拓宽体育的校外育人空间。现在的家庭中，尤其是到了小学高年级和初中阶段，很少有父母与孩子一起做游戏，这往往导致亲子关系的紧张。在做课题时，我们了解到原来很多父母不知道跟孩子玩什么。于是，我们着手进行亲子互动游戏校本课程的开发，指导家长在家中与孩子进行游戏互动，拉近孩子与父母之间的关系。

七、用好项目研究共同体，写好"我与体育同行的故事"

我们临淄区在体育教研员谢丽科长带领下成立了多个项目研究共同体，这是集体专业智慧的凝聚，是促进教师个人专业提升最好的平台。我们每一次的学科培训也是一种项目共同体活动。只要认真参与了总会被讲课老师的"某一种方法、某一种观点，甚至是某一句话"所触动。我认为，这就是收获！这就是所谓的灵感！每次的收获用什么方式呈现出来？是写出来，还是让灵感一闪而过？自己的角色，仅仅是观摩，还是与大家分享自己的收获？自己的思考、观点，能不能引起大家的共鸣？这些都是需要深入思考的点，也是促进自己专业提升的点！

八、读懂教研员的需求，写好"我与教研员的故事"

我认为，教研员是我们专业成长的引导者，也是最大的外界支持资源。教研员最渴望看到每一位体育老师的专业成长。因此，每次学习的收获、感悟，我们可以写出来请教研员指导。教学中的困惑、课题研究中的难题，都可以向他请教。因此，教研员是离我们最近的专业成长支持的宝贵资源，大家要好好利用。另外，也可以写一下"我与教研员的故事"。

九、用好大学同学资源，写好"我与同学的故事"

我认为，大学同学是差异化资源的提供者。与大学同学的联系，可以了解不同地区、不同学校的体育管理方法、文件政策状况。如何让差异成为研究的资源？我们向他们学什么？如何做到资源共享？可以共享什么？在这些问题的思考中也能促进自己的专业成长。

十、用好大学老师及各级体育专家资源，写好"我与专家的故事"

大学老师、各级体育专家，是前沿体育理论的最先接触者。无论是听他们的报告还是与他们交流，都会有很大的收获。这些学习、交流后的收获怎么呈现？学习后自己的改变有哪些？如何将专家的理论指导落实到自己的教学实践中？在对这些问题的深度研究中，找准专业发展的方向。

以上是我对人力资源开发中一些问题的思考，希望能够引起大家的思考。

课程开发助成长

在我们身边有非常丰富的体育课程资源，通过对课程资源的开发，可以提高教师的创新能力，可以最大限度地发挥内容、物力、网络资源的功效，增加课堂的新颖度，提高课堂教学实效。

一、体育课程内容资源开发利用的方法

（一）挑选法

结合学校实际，把教育辖区内民间传统的体育活动内容选出来作为体育课的教学内容。农村的体育活动资源更加丰富，将学生喜欢的活动引入体育课堂，对培养学生良好体育锻炼习惯具有推动作用。

（二）改造法

根据体育教学的需要，对原有体育课程内容资源的某个构成要素进行加工、变化、修改。变化是改造法的核心。

例如，如何把网球运动通过改造变成适合小学生的运动项目？

改造方法：

1.改造器材（用羽毛球拍代替网球拍、用弹力球代替网球）；

2.改造场地、设施（把羽毛球场地作为缩小的场地、降低球网高度）；

3.修改比赛规则（如采用乒乓球的比赛规则等）。

通过以上的改造就可以将网球改造成适合小学生的运动项目了。

改造法的具体运用方式示例：

序号	改造方式	示例
1	简化	用口诀进行动作要点的归纳。
2	降低难度	把使用器材的练习,变为徒手模仿。
3	增加难度	用实心球代替篮球进行传接练习。
4	修改	进行三对三或四对四排球比赛。
5	转换、移植	用排球场地进行蹴鞠比赛。
6	变形	改变具体动作的组合方式;改变人员的组合方式;改变练习的路线等。
7	限制	单人跑改为二人三足跑。
8	夸张	游戏中对"角色"及所使用的道具进行夸张等。
9	调整	调整场地器材的规格等。

改造体育器材要素示例：

序号	改造内容	示例
1	形状	利用长跳绳结成一个圆圈,练习弯道跑。
2	大小	篮球投篮的初学阶段,用排球或足球练习投篮。
3	重量	用球类器材代替实心球学习投掷动作。
4	高度	初学排球发球,降低网高。
5	色彩	将乒乓球变成各种不同的颜色等。
6	布局	一个篮板挂上三个篮圈,按一字形排列。
7	材料	用纸制垒球,练习投掷。
8	功能	用跨栏架做跳跃练习的障碍物等。

改造比赛规则要素示例：

序号	改造内容	示例
1	比赛方法	将单人练习改为双人练习；将篮球比赛中两队的集体对抗改为三人各自为阵的单打比赛等。
2	得分方法	足球比赛中将得分方法改为"球过底线得1分，球进门得2分"等。
3	获胜方法	实心球以投远为获胜改为以投准为获胜等；排球以先得25分为胜，改为在规定时间内得分多者为胜等。
4	比赛时间	将篮球比赛时间由每节12分钟改为10分钟半场等。
5	规则	篮球初学阶段改成允许走步或多一次运球机会等。

（三）整合法

将各种体育课程内容资源的某些要素通过一定的方式有机地结合在一起，从而形成新的体育课程内容的方法。

整合具有层次和方式的多样性：

序号	整合方式	示例
1	体育+体育	足球高尔夫、三门球、篮球裁判手势操。
2	体育+数学	"喊数抱团"。
3	体育+计算机	键盘操。
4	体育+地理	定向越野。
5	体育+安全教育	"红、绿灯""火中逃生"。
6	体育+国防教育	旗语游戏。

二、体育课程物力资源开发利用的方法

（一）开发现有体育器材的多种功能

器材设施名称	主要功能	可以拓展的功能示例
跨栏架	跨栏	小足球门；钻爬的障碍等。
实心球	投掷	标志物；阻碍物；传、接游戏；保龄球游戏。
跳绳	跳绳	绳操；二人三足跑游戏；弯道跑辅助工具。
标枪	投掷	跳高架；跨栏架；标志物等。
足球	足球	篮球；标志物；保龄球游戏等。
体操垫	技巧	标志物；阻碍物；靶子等。

（二）改造原有体育器材和自制简易器材，提高学生练习积极性

如在一块篮板上并排安上三个篮筐，提高学生投篮的命中率。在篮球场地外侧，埋一根粗铁柱，把废旧篮圈都焊到上面，增加篮圈数量。还可以发动学生自制接力棒、沙包、毽子、铁环、呼啦圈、陀螺等。

值得一提的是，农村学校所处的环境有着极其丰富的自然资源，体育教师可充分挖掘、开发当地自然资源，自制器材。

（三）合理改造体育场地布局与功能

例如篮球场可以改造成篮球、排球、羽毛球、轮滑等皆可以使用的多功能场地；篮球场上的各种线条，可以作为跑步用的起跑线、终点线，或作为折线跑的标志线等。

（四）利用学校及学校周围的自然地理环境设计体育活动场所

自然环境	可以考虑的功能示例
校园里的树木	1.在树枝上挂标志物，进行摸高练习；2.在两棵树之间拉上一根绳子，将其作为简易的排球网或羽毛球网；3.在相邻树木下搭建独木桥，作为游戏拓展练习场地。
学校附近的山坡	1.各种以"山"为主题的活动性游戏，如"捉迷藏""寻宝""比比谁爬得快"等；2.登山与远足；3.定向越野；4.下雪后利用山坡滑雪。

(五) 充分利用学校周围社区或单位的体育场地和器材

学校周围的社区或企、事业单位有不少体育场地设施资源，如果利用得当，在一定程度上可解燃眉之急。

三、体育课程网络信息资源开发利用的方法

(一) 微课程的制作

教师可以根据教学内容，制作适合学生自主学习和练习的微课程。

(二) 合理利用网络媒体资源

根据教学要求，安排学生观看篮球、足球、排球、乒乓球、网球、羽毛球等各类比赛。

总之，体育课程资源开发的过程，需要体育教师的积极参与和认真研究。通过对教学内容资源的选择和改变，探寻现有场地器材的多种功能，发挥网络资源优势，加强与学生的沟通交流，发挥各类资源最大功效，找到新颖的、学生喜欢的教学方法，提高教学实效。

后 记

且 行 且 思

自1998年踏入工作岗位的那一刻起,我就爱上了我的学校和学生,爱上了体育教学事业。二十几年来,无论风里雨里,我都与学生为伴,与体育为伍。偶尔,会在工作之余,把自己对体育教学的思考、对学校体育管理的研究、与学生之间的故事、带领学生参加比赛的感悟、学习的收获,用文字记录下来,当作自己的工作印记。

当把这一串串"脚印"拾起来,也形成了几十万字的积累。而今把书稿润色加工取舍提炼整理出来,心里既惶惑又欣喜。

如何提升学生体育核心素养?本书从三个方面十个维度进行了探索,有一些相对比较成熟的做法和措施,希望能够给在一线工作的体育同仁带去启发。有些方面,也会因自己能力不足,有许多研究的欠缺,期待读到本书的体育同仁们提出宝贵意见。

在书稿创作整理的过程中,多次得到已退休的全国知名特级教师、淄博市临淄区齐陵街道中心学校原校长于春祥老师的指导。书稿的修改,还得到了临淄区体育教研员和艺体信息科科长谢丽、稷下小学咨秀真老师、太公小学于海老师、齐陵二中王清华老师、张强老师的帮助。文字初稿形成之后,得到了曲阜师范大学体育学院院长曹莉教授的亲自指点。另外,齐陵二中张贺老师为本书精心绘制了水彩插画。本书的出版也得到了齐陵二中校长王炳锋的大力支持,在此一并表示衷心的感谢!

本书能够得以顺利出版,还要感谢北京教育出版社以及责任编辑所付出的辛勤劳动。